平凡社新書
762

「君が代」日本文化史から読み解く

杜こなて
MORI KONATE

HEIBONSHA

よくみるということが大切である。
だが、よくみるということは、
なにもこまかく細部を注意してみるということではない。
全体をみるということであり、全体を比較するということであり、
その細部にとらわれないで単純な大きな様相をつかむことである。
（宮本三郎『人物の描き方』一九五九年より）

「君が代」日本文化史から読み解く●目次

凡例

本文中の括弧の用法について

本文全体を通し、括弧の用法を統一しておいた。基準は、左記の通りである。

◆引用された単語や文章を「　」内に記述、『　』内は著作名や作品名を表わす。

◆言葉への注意喚起に〈　〉を使用、より一層の重要度に応じて《　》を用いる。

◆読みや意味の説明に（　）を使い、〔　〕内を略の表示や註とし、語句の付加には［　］を用いる。

※従って、君が代という言葉は、ときとして、本文中にそのまま書かれ、歌詞の引用の場合は「君が代」となり、状況次第で〈君が代〉《君が代》『君が代』などと表記されている。

引用文や本文の記述について

◆引用文の表記は、読みやすさに配慮して、引用もとの文献を尊重しながら、新字体を多く用いた。昔の文体は、慣れていないと、少々内容をつかみにくい。引用文の内容は、前後の文章の流れにあらかたの察しがつくよう工夫してある。難しさを感じた方は、読み飛ばしていただいて結構である。ルビについても、基本的に新仮名遣いを使用しておいた。

◆伝統邦楽分野の音楽用語については、専門性にあまり拘らなかった。〈琴〉と〈箏〉を同義に使うなど、一般的な言い回しに配慮してある。同じことは、他分野についても当てはまる。

序章　好奇心への導火線

世界全体を巻き込む大戦争が、二〇世紀の前半にふたつ起こった。日本は二度目の世界大戦で当事者の役を担い、敗者を演じた。以来、『君が代』という歌は、日本人の心に微妙な引っ掛かりを残して、宙づり状態のままに漂っている。拒否反応を伴って否定され、大戦中と同じ価値観に担ぎ出される。面倒だからと、あえて触らない人々の数は多い。

日本の二〇世紀は、一九四五年の敗戦の年を境として、前後ふたつに分けられる。医療技術の発達した今日、日本人の多くは、平均して八〇年程の人生を生きる。二〇二五年という年が、敗戦の年に誕生した人たちにとっての齢《よわい》八〇である。敗戦時から逆方向に八〇年遡ると、徳川政権下の一八六五年に到達する。半生分の一九〇五年でさえ、日露戦争に沸く明治の時代だ。人の一生は、充分に長い。世の中の景色は、人が生きる時間の傍らで、思いのほか大きく動く。

生物種は、種固有の特性を背負って生きる。ヒトの脳細胞は、他の生物に比べ、図抜けて大きい。人間の本性は、恐らく、知りたがり屋に違いない。外界から飛び込んでくる情報を、脳内に貯蔵し、処理し、一生を過ごす。この本の書き手である私たちは、第二次大戦後程なく生を受けた。音楽という文化に魅了され、作曲家という人生を選択し、現在に至っている。日本人だからか、成長するに伴い、日本育ちの音に興味を抱いた。この国に住まう者は、住まう者としての特権を有している。他国の人に比べて、自国の音に近づきやすい。日本音楽との接触には、付随効果を伴った。体験が増すにつれ、《君が代》関連の知識が、体のなかに蓄積していく。

二〇世紀もあと少しで終わろうとするとき、国旗国歌法という法律が制定された。当時、国歌『君が代』を巡る意見の対立が世間を賑わし、一方の側からは、新しい国歌を望む声が噴出した。その折のこと。頭のなかで、国歌を巡る一種の思考実験を試みた。私たちは、自ら台本や詩も書く作曲家である。賛否両論を検討し、新しい国歌の歌詞や旋律の可能性に、まさぐりを入れた。国歌とその周辺について、基本的な事柄を知りたくなり、新たな曲を書くとき同様、好奇心に任せて資料を探した。

この本は、その折の私的な体験を土台にしている。二〇世紀末から現在に至るまで、かなりの時間が過ぎ去った。しかし、時の移ろいに伴い、国歌『君が代』を巡る社会の状況に変化が生じたかといえば、どうもそうとは思えない。

二一世紀初頭の今日、地球上の国家の数は、二百に近い。各国の自立性は、建て前上、国家の名のもとに確保され、すべての〈国家〉が、〈国歌〉と〈国旗〉を保有している。〈国歌〉にとっての〈国家〉とは、近代的な〈国民国家〉にほかならない。『オックスフォード英語辞典』によると、〈国民国家〉という言葉は、政治学者J・A・R・マリオットによってはじめて用いられた。二〇世紀初頭のことらしい。

前近代の国は、〈国歌〉を持たない。〈国歌〉がなくても、人間の社会は、いつの時代も式楽的な音楽を大切に扱った。集団が尊ぶ音楽は、人類の歴史とともに普遍である。無から有は生じてこない。土がなければ、樹木は生えない。〈国歌〉という文化の足許には、〈国歌〉を育む苗床が存在している。日本の歴史は、古くて長い。『君が代』というひとつの歌が生い育つ大地の内側で、複雑な事情が、幾重にも絡み合っているに違いない。『君が代』の背後で、数多くの《君が代》が姿を潜める。

日本という地域に係わっているのなら、『君が代』とその周辺について、少し関心を持ったところで損はなかろう。目立ちやすい極端な意見に、正論があるわけもないし、なによりも、《君が代》を通すと、日本や世界の多くが覗ける。

第一章　みっつの切り口

ハイドン作曲『神よ、皇帝フランツを守り給え』自筆譜（14〜15頁参照、オーストリア国立図書館蔵）

一　国歌という文化

最初期の国歌たち

フランツ・ヨーゼフ・ハイドンという名前をご存知だろうか。モーツァルトやベートーヴェンと同じ時代を生きた作曲家である。ハプスブルク支配下のエステルハージ伯爵家で宮廷楽長を務めた。晩年には音楽興行師の求めに応じてイギリスに赴き、はじまりつつあったコンサート興行のために曲を書いた。ハイドンの最初の英国訪問は、一七九八年のことである。イギリスは、既に、世界の先進地帯に躍進していた。『神よ、国王陛下を守り給え』という歌が、世界に先んじ、事実上の国歌として歌われている。

一七九二年、旧来の傭兵で構成されたプロイセンの軍隊が、フランス革命後の国民軍に打ち負かされた。ヴァルミーの戦いと呼ばれている。フランス軍は、新しく作られたばかりの現フランス国歌、『ラ・マルセイエーズ』の歌声とともに、士気が高い。戦場に居合わせた詩人のゲーテの言葉によると、この日この場所から、新しい時代の幕が開いた。

英仏ふたつの〈国の歌〉を知ったハイドンは、ハプスブルク家が統治する祖国を称え、『神よ、皇帝フランツを守り給え』という曲を作った。曲名は、イギリス国歌に準じている。ウィーンのブルク劇場で一七九七年に初演され、皇帝に献呈された。ハプスブルク家支配による国が、その後、オーストリア帝国へ、オーストリア＝ハンガリー帝国へと形を変えても、ハイドンの旋律は、常に国歌であり続ける。第一次世界大戦ののち、ハプスブルク帝政が姿を消して以降も、旋律は、同じ言語を使う別の国によって利用された。ドイツ国歌として、今なお歌われ続けている。

国歌という新しい歌文化の影響は、一九世紀の初頭になって、ロシアに達した。『ロシア人の祈り』と題された歌が、一八一五年に作られている。当時の世界は、イギリスの国歌に、国歌の模範を強く感じる。最初のロシア国歌は、英国国歌の旋律をそのまま用いた。〈皇帝を守り給え〉との歌詞内容まで踏襲している。イギリス国歌の旋律を自国の歌に利用したのは、ロシア一国にとどまらない。英国国歌のメロディの借用は、ヨーロッパの小国リヒテンシュタインの国歌にも見受けられる。大英帝国の力は、政治史や経済史にとどまらず、音楽文化を巡る歴史の細部にまで浸透している。一九世紀は、産業革命の震源地となったイギリスの世紀にほかならなかった。

ロシア帝国は、やがて国歌を作り直した。新国歌は、自国風の旋律を持ち、『神よ、ツァーリを守り給え』との題を伴っている。皇帝ニコライ一世の勅令によって、一八三三年に国歌とされた。作曲家チャイコフスキーが、彼の管弦楽曲『序曲一八一二年』や『スラヴ行進曲』のなかに引用したおかげだろう。国歌として使われなくなったソ連邦成立以降も、とき折、帝国の響きが、クラシックの演奏会場に鳴り響く。

国歌には、幾つかの類型がみられる。曲調を基準にすると、行進曲、ファンファーレ、頌歌、歌劇風賛歌、民族音楽風賛歌と分類できる。『ニューグローヴ世界音楽大事典』の区分である。言葉の内容に主眼を置くなら、イギリスや旧ロシア帝国をはじめとして、皇帝賛歌を国歌とした国の数が少なくない。革命歌や愛国歌も、国歌として好まれた。

一九世紀の前半には、新大陸で、新しい国家が次々と誕生する。生まれたての国々は、ヨーロッパに倣って国歌を望んだ。独立したばかりのラテンアメリカは、当時大西洋をまたいで人気を博したイタリア歌劇的曲調による国歌をとりわけ好んだ。詩の内容は、フランスの『ラ・マルセイエーズ』からの影響が強い。自由か、死か。武器を取れ。血を流せ。激しい言葉の数々である。国歌の歌詞は、国歌を必要とした時期や国の事情に応じて、様々に異なっていた。

外国から眺めた『君が代』

国歌の文化の影響は、一九世紀後半になると、東アジアの日本にまで及んでくる。日本国籍を有する人々の多くは、日本生まれの国歌の歌詞に触れたことがあるだろう。日本人なら、原則として日本語が理解できる。日本人以外の人は、日本語に堪能な人を除いて、歌詞の内容を翻訳で知る。国歌という少々特殊な歌文化のおかげか、英語であれ、フランス語であれ、ドイツ語であれ、『君が代』には、幾つもの訳文が存在する。

イギリス人の手で翻訳された『君が代』の歌詞を、ふたつ程引用しておきたい。ひとつは、ウィリアム・ジョージ・アストンのものである。英国公使館勤務のために日本を訪れ、日本文化に親しみ、のちに神道研究の大著を著した。他のひとつには、バジル・ホール・チェンバレンの訳を用いる。お雇い外国人として来日し、海軍兵学寮や東京帝国大学で教鞭を執った。『古事記』や俳句を翻訳するほか、日本に関する書物を多数残した。

紹介順に、翻訳された『君が代』の英文を並べておこう。英語から日本語への再翻訳は施さない。ニュアンスを読み取っていただければそれでよい。読み飛ばしていただいても構わない。

W・G・アストンは、『君が代』を次のように訳した。

May our lord
Live for a thousand ages,
Until the pebbles
Become a rock

Overgrown with moss.

バジル・ホール・チェンバレンの訳文は、下記のようになる。

A thousand years of happy life be thine!
Live on, my lord, till what are pebbles now,
By age united, to great rocks shall grow,
Whose venerable sides the moss doth line!

国歌という文化が世界化していくなか、海外の人々は、このような訳を通し、日本国歌の内容を知った。英語の歌詞中に、上位階層を表わす単語が用いられていた。「アワ・ロード」や「マイ・ロード」といった響きが聞こえる。革命歌の可能性は、ゼロに等しい。荘重な響きの曲である。日本文化を知らない人たちの眼差しに、皇帝賛歌と同質な歌と映ったところで、不思議はなかった。

当たり前のことながら、みる方向を違えると、物事は、また別様にみえてくる。一八世紀や一九世紀の状況に応じて、国歌の文化を新たに作ったヨーロッパ社会と比べ、『君が代』を巡る話は、遥かいにしえにまで遡る。往時の日本人は、日本社会が培った文化を生きていた。社会が違えば、文化も異なる。果たして、日本人にとっての『君が代』が、ヨーロッパ世界で脚光を浴びていた国歌の歌詞と同質であったかどうなのか。

二　言葉という窓口

文字の歴史と〈君〉や〈大君〉

狩猟採集社会や部族社会は、無文字を生きる。人類が文明を必要とすると、文字が生まれ、記録とともに歴史が残った。古代の日本は、無文字社会である。地域屈指の大文明・中国の影響を受け、漢字使用圏の一員に加わった。現行の国歌『君が代』は、〈君〉という言葉によって、歌がはじまる。〈君〉は、〈君〉という字に対応する意味を有し、日本語の場合、〈きみ〉ないし〈くん〉の音で読まれる。〈君・が・代〉と文字を並べた場合、〈君〉の字の求める音のつながりは、〈くん〉ではなかった。訓読みの〈きみ〉となるのは、周知の通りだ。

すべての事柄は、歴史を秘める。〈君〉という字にも、歴史が潜んだ。文字を記す素材が、骨から金属、やがて紙へと変化するにつれ、文字の外観は、微妙に変わる。亀の甲羅や、鹿や牛の肩甲骨に、甲骨文字は刻み込まれた。青銅器に印された金文の形、篆書《てんしょ》体や楷書体などど、時代とともに字体は移る。〈君〉という字は、甲骨・金文・篆書・楷書の順に、〈〉〈〉〈〉〈君〉と書き記された。

漢字の起源は、象形文字である。字形を通して、古代の想いが読み取れる。文字の形には、意味があった。〈君〉の字は、天地を調和させる棒を持ち、世を言葉でまとめる人物を表現している。字義を拡大解釈すれば、天や大地全体から様々に情報を吸収し、きちんと言語化できる能力を持つ人の意になるだろう。〈君〉の字は、古く、指導者や王を意味した。人々を統率する人間には、最高水準の能力が求められていた。

日本最古の詩歌集『万葉集』には、幾つか、〈大君《おおきみ》〉の語を用いた歌が含まれている。〈君〉以上の存在を詠んだ歌である。言葉は、用い続けると、慣れが生じる。価値の目減りには、対抗措置が欠かせない。平仮名や片仮名に先立つ時代だった。『万葉集』は、漢字のみで記された。和語の音節表記に、漢字の一字一字が使われる。日本の音を表わすために、万葉仮名と呼ばれる特殊な工夫が施されている。原文表記では、解読自体が難しい。分かりやすい読み下し文の形に、〈大君〉の歌をふたつ程引用してみる。

大君は神にし坐《ま》せば赤駒の匍匐《はらば》ふ田井《たい》を都となしつ
大君は神にし坐《ま》せば水鳥の多集《すだ》く水沼《みぬま》を都となしつ

ふたつの歌は、甥と叔父が皇位を争った壬申の乱のあとで詠まれた。地方豪族を味方に付けて乱を起こし、都の勢力を倒して勝者となった王を、臣下が称えた。万葉仮名を用いた原文では、次のように記述されている。

皇者　神尓之座者　赤駒之　腹婆布田為乎　京師跡奈之都
大王者　神尓之座者　水鳥乃　須太久水奴麻乎　皇都常成通

和語の〈おおきみ〉が、〈皇者〉や〈大王者〉と書かれ、〈神〉と呼ばれた。王が神格化されている。この時期の日本は、激動期だった。朝鮮半島に送った軍が、白村江《はくそんこう》で敗れて、さほどの時を経ていない。唐と新羅の連合軍襲来に備え、西日本に古代朝鮮式の城が幾つも築かれていた。飛鳥池遺跡として知られる当時の官営工房の跡からは、用いられはじめたばかりの〈天皇〉の文字を記す木簡が出土している。中国の律令制度を見習い、大王を表に立てて国を整えるのに必死だった。〈大君〉を〈神〉と同一視する表現や、〈天皇〉という呼称の作成に、時代の嵐が読み取れる。歌を詠んだ臣下と同じ感覚で、以降の日本人が、〈大君〉の語に〈神〉を感じ続けたわけではない。

江戸から明治にかけての時代も、激動の時代である。王政復古の掛け声が、喧《かまびす》しかった。皇室の長を〈大君〉と呼ぶ習慣が、いっとき息を吹き返している。近代に、古代の〈大君〉が蘇り、いつしか皇国日本を演出しだした。

第二次世界大戦の末期、特攻隊員として死に赴いた若者たちは、家族に向けて人生最後の手紙を書いた。若者たちの最後の言葉は、状況や想いをその時点で封印し、タイムマシーンのように、彼らの意識を今に伝える。遺書の大半が、家族に向けた告別の文章である。皇国の長に触れた手紙の数は、多くない。死にゆく者たちにとっての〈天皇〉は、ほとんどの場合、〈大君〉だった。〈君〉ではない。例を挙げよう。

大君に対し奉り忠義の誠を致さんことこそ、正にそれ孝なりと決し…
南海の空の花と散ります。大君の御楯となり宿敵を撃滅せん…

和歌や、和歌に近い言葉の感覚に、辞世を残した人もいる。

大君の空の護りと散らむ身の心はつねに楽とありけり
大君の御楯と散らむ日を想ひ身のうれしさに泣きし夜かも

〈大君〉の変貌

特攻隊員が用いた〈大君〉の二文字の音は、無論、〈おおきみ〉である。しかし、日本語の漢字は、中国と異なり、読みがひとつに固定されない。訓でも読めるし、音でも読める。音読したときの〈大君〉は、〈おおきみ〉ではなかった。〈たいくん〉に変わる。〈大君〉の文字と、音の〈たいくん〉。この組み合わせは、江戸期の外交文書のなかに、度々使用されていた。対応する人物は、当時の日本国王だろう。徳川将軍をおいてほかにない。幕末の初代英国総領事ラザフォード・オールコックの著作、『大君の都（The Capital of the Tycoon）』という書名のなかに、〈たいくん〉の音が入り込んでいた。将軍由来の〈tycoon（タイクーン＝大君）〉は、そのまま英語の語彙のひとつとなった。政財界の大立者を意味し、英語を喋る人たちの会話に彩りを添えている。

東アジアの漢字文化圏は、朝鮮半島を含み込む。李王朝の朝鮮も、漢字使用圏の一員として、〈大君〉の二文字を使用した。〈大君〉と書き、音は、〈デグン〉である。朝鮮半島の〈大君〉は、古代日本や徳川幕府の用例と比べ、意味合いが少々異なる。譲寧《ヤンニョン》大君《デグン》という名の人物がいた。しかし、その名は、歴代の国王のなかに見当たらない。〈大君〉の表記は、王の息子を表わすにとどまった。

日本の平安時代も、有力者の子供に、〈大君〉の二文字を用いる。呼称の先にいるのは、女性である。貴人の長女だった。〈大君〉と書いて、〈おほいきみ〉または〈おおいぎみ〉などと発音する。『源氏物語』に詳しい方なら、〈宇治の大君〉という登場人物を思い浮かべるに違いない。「宇治十帖」に登場する薫の想い人である。平安期の歌人、三十六歌仙のなかにも、〈小《こ》大君《おおきみ》〉という女性がいる。藤原公任《ふじわらのきんとう》撰の歌集『三十六人撰』に選ばれた和歌の名人を、人々は三十六歌仙として崇拝し、敬意を払った。平安時代の女流歌人に詳しければ、〈閑院《かんいんの》大君《おおいぎみ》〉の名前をご存知かもしれない。何人もの女性の〈大君〉が、巷《ちまた》にその名を知られていた。

言葉の用法は、時代とともにある。無秩序なでたらめでなくとも、言葉が動ける可動域の内部で、微妙に揺れる。〈君〉以上の〈大君〉でさえ、多義的であることを免れなかった。〈君・が・代〉と音を連ねたときの〈君〉の意味内容は、〈大君〉以上に幅が広くて当たり前である。

三　伝統邦楽との係わり

庶民と日本音楽

庶民の娯楽、落語のなかには、伝統的な日本音楽の話題が頻繁に登場してくる。昭和の名人・八代目三笑亭可楽は、『うどん屋』という噺《はなし》を得意としていた。主人公は、酔っ払いの職人である。屋台の鍋焼きうどん売りとのやりとりに、流行り曲を一節《ひとふし》うなり、ついでに音曲の歌詞を非難する。『越後獅子』という曲が、いちゃもんの種となっていた。

御座れ話しませうぞ、こん小松の蔭で、松の葉の様にこん細やかに、弾いて唄ふや獅子の曲

酔っ払いは、「こん細やか」なんて言葉が日本語にあるかと、落語のなかで難癖をつける。大阪起源の鍋焼きうどんが東京にやってくるのは、明治期以降のことである。江戸時代を背景とした噺ではない。明治に入ってなお、江戸期に流行った三味線や琴の音楽の人気は、衰えを

知らなかった。職人階層に至るまで、歌の文句が、日本社会に浸透している。
近世の邦楽曲に触れ続けていると、ふとした機会に、『君が代』で聞き知った言葉が、耳のなかへと飛び込んでくる。体験は、忘れた頃にやってくる。例外的な一曲、たった一回にとどまりはしない。『君が代』の言葉は、より一般化した《君が代》の系譜のなかに溶け入り、地下茎のようなつながりを介して、他の曲と互いに関係を取り合っている。江戸期や明治・大正の人なら、《君が代》の言葉は、身近に響く邦楽曲ともども、馴染みが深い。二一世紀に入った今でも、日本音楽への距離の取りようで、充分に追体験が可能だろう。

近世邦楽曲のなかの《君が代》

曲名に〈君が代〉の語を含む長唄作品がある。『君が代松竹梅』といい、一八四三年に三世杵屋正次郎によって作曲された。三世杵屋正次郎は、一九世紀の二〇年代に生まれ、九〇年代に亡くなった。文明開化以降の長唄分野で、明治の三傑に数えられていた。『君が代松竹梅』は、一七歳の折の若書きである。曲名だけではなく、歌詞からも、「君が代は」の詞章が聞こえる。

本調子〽君が代は恵みかしこき高砂の　合松の　〽栄えや限り知られぬ、いつまでもふた葉

はなれぬ姫小松…〔略〕…齢寿《ことほ》く鶴亀の寿命長久繁昌と、合つきせぬ宿こそめでたけれ

四世杵屋六三郎は、長唄史上最も重要な作曲家のひとりと目されている。歌舞伎十八番のひとつ、『勧進帳』の作曲家である。江戸町人文化の爛熟期、文化文政の時代に、青年期から壮年期を過ごした。日本流儀にいう文政三年、一八二〇年に、六三郎は母親ますの八〇歳を祝い、〈ます〉を〈松〉に引っ掛け、『老松』という曲を書いた。作詞も作曲家本人といわれている。『老松』の曲中には、『君が代』の歌のあらかたが顔を覗かす。

本調子次第〽〔略〕是《これ》は老木の神松の、千代に八千代にさゞれ石の、巌となりて苔のむすまで合松の葉色も時めきて…〔略〕…〽ゆたかに遊ぶ鶴亀の、齢を授くる此《この》君の、行末守れと我神託の、告を知らする松の風松風合方〽富貴自在の繁栄も、久しき宿こそ目出度けれ

琴は、日本音楽に重要な楽器である。『六段の調』という曲が、箏曲の名作として知られている。『六段の調』と並び、『千鳥の曲』の人気も高い。「六段、千鳥、めしのたね」という言葉さえあるらしい。『千鳥の曲』は、吉沢検校によって作曲された。江戸から明治にかけての人である。〈検校〉は、個人識別のための名前ではない。男性盲人たちの互助的自治組織〈当

道座〉の官位だった。上から下へ、検校・別当・勾当《こうとう》・座頭と続いていく。検校ともなれば、将軍への拝謁が許された。最高位の惣検校は、大名と同様の権威と格式を手にしていた。『千鳥の曲』は、幕末の曲である。千鳥の鳴き声は、日本人の耳に〈チヨ、チヨ〉と聞こえ、漢字を当てれば〈千代千代〉に通じた。曲は、野鳥の鳴き声に託して、目出度さを寿いでいる。

前弾 シテ しほの山、ツレ さし出の磯にすむ千鳥、合 君が御代をば八千代とぞ鳴く、合 きみがみよをば八千代とぞなく、手事 淡路島かよふ千鳥のなく声に、合 幾夜ねざめぬ須磨の関守、合 いくよねざめぬすまのせきもり。

地歌や地歌箏曲と呼ばれる分野は、法師歌の名でも知られた。当道座に所属した盲人音楽家が曲を作り、弾き教えていた。歌舞伎のような劇場につながる音楽分野と違い、座敷の音楽である。高級感を伴った。巷で愛され、習う人の数も多かった。一八世紀前半期に検校となった継橋検校には、『難波獅子』という作品がある。難波、即ち現在の大阪の繁栄を称えた曲である。《君が代》の言葉が、そのまま丸ごと、作品のなかに聞こえる。

君が代は、合 千代に八千代に 合 さざれ石の、巌となりて苔のむすまで。合 たちならぶ、合やつほの椿八重桜、ともに　合八千代の春に逢はまし、手事 二段高き屋に、合登りて　合見れば煙立つ、合民のかまどは賑ひにけり。

人形浄瑠璃にも、《君が代》の言葉が使われた。足のない幽霊を舞台に登場させた最初期の例、近松門左衛門の処女作『花山院后諍《かざんいんきさきあらそい》』に、「君が代」の三文字が含まれる。近松半二の『妹背山婦女庭訓《いもせやまおんなていきん》』からは、「千代に八千代にさざれ石の」の言葉が響いてくる。

江戸期には、音楽の稽古事が盛んだった。習い事にうつつを抜かす町娘たちの様子を、式亭三馬は、滑稽本の『浮世風呂』のなかで描写している。娘たちは、三味線や琴の稽古事に血道を上げた。音曲の素養があれば、奉公先を探すにも都合がよい。恵まれた縁談を引き寄せる武器ともなった。男は男で、社会的な地位に応じ、文化に関する教養のあるなしが問われる。芸のひとつもできないことには、格好がつかない。

国歌『君が代』につながる言葉は、伝統邦楽内部に、かなりの回数で登場してくる。示した例は、日本音楽のなかの氷山の一角だろう。登場頻度が示しているのは、日本人の日常と《君が代》との距離の近さである。日本人は、『君が代』の歌に出現する言葉を、音楽とともに歌い続けた。歌の文句は、目で読む単語の連なりではない。《君が代》は、歴史を通して、常に音楽と一心同体である。

国歌の歌詞をあいだに挟んで心情的な議論をしたがる人々とは別個のところで、《君が代》の詩文や音楽は、かつての日本社会に、しっかりとその根を張っていたようなのだ。それも相当に根深く。私たちは、作曲家である。音楽を愛する者として、疑問が生じた。《君が代》の言葉は、なぜそれ程までに人口に膾炙《かいしゃ》したのか。そもそも、《君が代》の詩文は、一体どこからやってきたのか。

第二章 手掛かりとしての伝統文化

志賀海神社の山誉漁猟祭（46頁参照、志賀海神社撮影）

一　和歌の伝統といにしえの《君が代》

初出と賀の歌

過去から現代へと、歴史的事象は積み上げられる。時代を取り巻く環境が変化すると、社会の出来事に差異が生じる。先立つ時代の上に時代が重なり、表層としての今に至った。現在と過去の個性は、自ずと隔たる。地表の様子だけで、地下の事情は判断できない。現代の感覚を基準に、過去を語れば、たやすく間違う。

地球科学者は、大地に積み上げられた地質の変化で、地球全体の歴史を語る。古生物学者なら、大地に残された生き物たちの化石を調べて、地球生命の物語を読む。地層を深く掘り進むと、やがて哺乳類は消え、陸生生物はいなくなり、多細胞生物は失せ、真核生物の跡さえなくなる。文化分野も、歴史の跡を消去できない。文字や遺跡の形で、文化の資料は残存している。考古学的遺物を扱うように、過去に向かって《君が代》の言葉を掘れば、それぞれの時代に応じた特徴が覗け、掘り進むと、やがて資料不在の層に達する。書かれなかった事柄は、文献資料に残らない。無文字社会の言葉の記憶も、残せない。

現行の国歌『君が代』の歌詞は、五・七・五・七・七を音節の基本とする和歌の形によっている。「さざれ石の」が六音のため、五・七・六・七・七の三二音節で全体を作る。最古のものが、『古今和歌集』に収められていた。作者不明の〈詠み人知らず〉の歌である。『古今和歌集』中の〈詠み人知らず〉は、その多くが、当時既に古歌と認識されていた。《君が代》の歌の歴史も、可能性において、更に昔へ遡る。

『古今和歌集』は、平安初期の九〇五年にまとめられた、勅撰和歌集である。千百首にのぼる歌を収録し、略して、『古今集』と呼ばれる。そのうちのひとつが、現行の『君が代』の歌と、極めてよく似ている。違いは、最初の五音にある。「わがきみは（我が君は）」で歌い出されることを除き、ほかの言葉は、現在国歌として知られている歌と、音がまったく同じである。一般に、『君が代』の初出と考えられている。

わがきみは千世にやちよに　さゞれいしのいはほとなりてこけのむすまで

『古今集』成立から三百年の時を経た鎌倉時代初期、著名な歌人・藤原定家は、一七回もの回数『古今集』を書写した。定家筆写の貞応本《じようおう》や嘉禄本《かろく》と呼ばれる写しを通し、『古今集』は、広く世の中に普及していく。定家以外の異本も、種々伝存した。印刷技術のないいにしえである。書き写しに、言葉の変化は避けられない。初出の『君が代』も、例外ではなかった。写本には多々、微妙な違いが散見できる。「ちよにやちよに」と「ちよにましませ」、「こけのむすまで」と「こけむすまでに」など、例は幾つも挙げられる。現行の『君が代』の形に至るには、なかでもとりわけ、「わがきみは」から「きみがよは」への変化が欠かせなかった。

歌の分類には、時代に応じた好みがある。『古今集』の場合は、春夏秋冬の季節を詠む歌、恋の歌、別離の歌、旅に係わる歌などで、歌を分けた。初出の『君が代』は、〈祝いの歌〉に含まれる。〈賀哥〉と書いて、〈がのうた〉と読み、目出度さを寿ぐ。〈哥〉の字は〈歌〉である。初出の『君が代』は、〈賀哥〉冒頭の歌として収録されていた。

歌われていた《君が代》

和歌は、今日、読まれる文学となった。以前は、節を伴って歌われた。音楽とのつながりが、三一文字前後からなる定型詩としてのリズムのよさに記憶されている。昔の様子は、宮中の歌会始に伝承された。リズムの音楽的処理は勿論のこと、音高の変化を伴い、音楽的に吟じられていた。独特な節回しに和歌または短歌を詠み上げる習慣は、昭和の初期に至るまで、一部に余命を保ち続ける。詩歌を吟じる習慣を利用し、明治以降の近代詩人たちも、自作のために言葉を磨いた。与謝野晶子や北原白秋や斎藤茂吉などの古い録音資料が残されている。彼らの自作朗読を聞くと、音の流れの様子が、現代の口語発話とははっきり異なる。ときに御詠歌を感じさせ、詩吟を匂わせ、歌会始の和歌披講を思わせる。

和歌としての『君が代』は、歌会始の〈和歌披講〉の方法に則り、旋律付けが可能である。〈披講〉という言葉は、曲調を付けて詩歌を詠み上げる方法をいう。和歌は本来、披講されることを前提として、言葉が編まれた。恐らく、平安の昔であれば、かなりの人が、素読の形に『君が代』の詩文を唱え、先唱者のあとを追い、唱和することができただろう。

いにしえの声の音楽に、〈朗詠〉という分野があった。平安時代に大いに好まれ、歌われていた。藤原公任《ふじわらのきんとう》撰の『和漢朗詠集』は、王朝時代の詞華集である。〈朗詠〉の歌詞集として、一〇一八年頃に編纂された。『和漢朗詠集』の分類項目〈祝〉には、『古今集』〈賀哥〉冒頭を飾った初出の『君が代』が、三番目の歌として収められている。

わがきみは千代に八千代にさゞれ石の巌となりて苔のむすまで

三番目があれば、一番目がある。一番目の歌、『嘉辰《かしん》』の曲は、音楽としての姿が今に残った。雅楽分野の〈朗詠〉演目中の一曲として、現在なお演奏されている。笙《しょう》や篳篥《ひちりき》や琵琶などの響きを伴い、歌われる。『和漢朗詠集』の三番目の詩文、『君が代』に連なる言葉も、かなりの確率で、往時、祝いの席を飾っていたに違いない。

『古今和歌集』の〈賀哥〉は、〈算賀〉と呼ばれる宴席との係わりが強い。平安時代には、区切りとなる年齢に達すると、長寿を祝し、更なる長寿を願い、度々の祝宴が催されていた。『古今集』収録の〈賀哥〉は、二二首ある。うち九首までが、〈算賀〉との関係を明示している。〈賀哥〉に占める〈算賀〉比率は、相当高い。内訳をみると、四〇の賀のためのものが四首、七〇の賀が二首、五〇、六〇、八〇の賀が各一首である。長寿の祝宴は、たった一度で完了しない。秋口にはじまり、数え年でひとつ年齢を加える正月に至るまで、数回催されていた。平安時代に書かれた小説、紫式部の『源氏物語』にも、〈算賀〉の情景が登場する。『源氏物語』の主人公光源氏は、妻や息子や養女によって、四回も、四〇歳の〈算賀〉を祝ってもらった。祝われる相手があっての〈賀哥〉である。祝いの場には、祝うべき相手としての〈君〉がいた。『古今和歌集』の〈賀哥〉二二首のなかには、〈君〉ないし〈きみ〉の語を含む歌が、九首みられる。〈算賀〉と同じ数である。これもまた、かなりの出現頻度といえるだろう。

『万葉集』と〈君〉の用例

『和漢朗詠集』は、一一世紀の一〇年代にまとめ上げられた。『古今和歌集』は、九世紀初頭期の歌まで加え、一〇世紀初頭に編纂された。『万葉集』は、更に古い。八世紀中頃以前の言の葉たちを集めている。最も古いもので、五世紀前半に遡る。文化の古層に、〈君〉の語の用いられ方を探したければ、まずもって、『万葉集』を繙《ひもと》いてみるにしくはなかろう。『万葉集』の歌の分類分けは、一般に、〈三大部立〉と呼ばれている。〈雑歌《ぞうか》〉〈挽歌《ばんか》〉〈相聞《そうもん》〉が、部立てとしての三分野に対応する。〈雑歌〉は、宮廷儀礼を中心として、宴の歌や四季の歌までも加えた。〈挽歌〉は、亡くなった人を悼む。〈相聞〉は、恋心のやりとりである。〈相聞〉だけでまとめられた巻第四の歌を、ふたつ程引用してみよう。男女のあいだの心のひだが、恋の歌を通して読み取れる。

朝日影にほへる山に照る月の飽かざる君を山越に置きて
〔意：山に照る月のように見飽きることのない貴女を残して任地に赴くなんて…〕
〔万葉仮名：朝日影　尓保敝流山尓　照月乃　不厭君乎　山越尓置手〕

わが君はわけをば死ねと思へかも逢ふ夜逢はぬ夜二つ走《ゆ》くらむ
〔意：恋人は、私に死ねと思ってか、逢えるのか逢えないのかどっちつかずで…〕
〔万葉仮名：吾君者　和気乎波死常　念可毛　相夜不相夜　二走良武〕

異性を呼ぶ言葉は、万葉の時代に幾つもあった。男性から女性への呼び掛けには、〈妹《いも》〉や

〈背《せ》〉、〈背子《せこ》〉が用いられる。〈君〉は、もっぱら、女性が男性に向けて使った。掲げたふたつの歌の作者は、田部櫟子《たべのいちいこ》と大伴三依《おおとものみより》、ともに男性である。相手次第では、女性の恋人に〈君〉を使用し、男もまた恋心を和歌に託した。

男女で歌を掛け合う習慣は、アジアの大地に遍在している。中国の少数民族の風習に、異性間の歌のやりとりが、今なお残る。出会いを求めて交互に歌い、歌を介して伴侶を探す。結婚してなお、〈情歌〉と呼ばれる歌を歌い交わし、日々の生活が過ぎていく。よく似た習わしの存在が、『古事記』や『風土記』に記載されていた。男女で歌を掛け合う〈歌垣《うたがき》〉である。〈嬥歌《かがい》〉とも呼ばれた。瞬時に愛の心を歌おうと思えば、使い回しのきく言葉が欠かせない。『万葉集』の歌には、常套句的な語句使用が至る所で見受けられる。歌のやりとりを即興的に行っていた古代の習慣の名残りと考えられる。『万葉』の〈相聞〉の歌には、古代の〈歌垣〉が木魂《こだま》していた。

発声器官を用いて人が発する音の様態は、語りから歌に至るまで、幾つもの段階が存在する。漢字を通用させて以降の日本社会は、〈うたう〉という行為を表記するのに、多くの文字を使い分けた。〈歌う〉〈唄う〉〈詠う〉〈謡う〉〈謳う〉など、〈うたう〉行為も多種多様である。平安時代には、和歌を吟じる状態を表現する動詞が多い。『源氏物語』のなかから拾い出すと、〈うち誦《ずう》ず〉〈ひとりごつ〉〈口ずさぶ〉〈ながむ〉〈言くさにす〉など、その多彩さに、びっくりせずにいられない。単語の多さに比例して、詩歌を音楽的に語る方法も、変化に富んでいたのだろう。

『万葉集』の巻第一六には、〈君〉と〈黍《きび》〉を引っ掛けた歌が含まれる。言葉遊びと、植物尽くしの愛の歌である。音としての〈きみ〉は、穀類の〈黍〉に似ている。「黍に粟《あわ》」は、「君に逢わ」。「会う日」が「葵《あうひ》」。凝った仕掛けが面白い。イネ科の雑穀と〈君〉のあいだをつなぐ感情が、相手への畏怖や尊敬とは考えられない。親愛の情の表現と思われる。

梨《なし》棗《なつめ》黍《きみ》に粟《あわ》嗣《つ》ぎ延《は》ふ田葛《くず》の後《のち》も逢はむと葵《あおい》花咲く
〔意：梨棗と続けば、次は黍。君に逢いたい…〕
〔万葉仮名：成棗　寸三二粟嗣　延田葛乃　後毛将相跡　葵花咲〕

「我が君」から「君が代」へ

愛は、心の高まりである。愛する異性の顔を思い浮かべて、恋の歌を歌い掛けると、相手を呼ぶ言葉の出現頻度は、当たり前のように多くなる。恋歌の洗練は、具体的な誰かへの呼び掛けを減らして、言葉を磨いた。『万葉』の〈相聞〉と『古今集』の〈恋歌〉では、〈君〉の出現頻度が大いに異なる。『古今和歌集』には、恋の歌が三六〇首程収録されていた。しかしもう、

〈君〉ないし〈きみ〉を用いた歌は、二〇首程を数えるにすぎない。『古今集』の〈賀哥〉は、公共に準じた場所で個人を祝う。祝われる誰かを前にしての歌である。〈君〉という語の多用が残った。歌の言葉の使い方にも、時代に応じて変化がみられる。

『万葉集』で相手を呼ぶ〈妹〉〈背〉〈背子〉は、通常、〈我が〉の音を頭に加えた。親愛の情の印である。もっぱら、〈我妹《わぎも》〉や〈我が背〉、〈我が背子〉の形で使われた。〈君〉の前に〈我が〉を付けると、〈我が君〉となる。初出の「我が君は」の意味合いは、果たして『万葉集』に連なる親愛の情の添付だったのだろうか。それとも、〈君〉の範囲を区切る限定詞だったのだろうか。『君が代』の歌の冒頭の五音は、時代の移ろいとともに、いつしか「我が君は」から、「君が代は」に変化した。《君が代》に関係する歌は、『古今和歌集』と『和漢朗詠集』双方ともに、祝いの歌に分類されている。個人の顔を特定しながらの祝い歌にも、祝い歌としての普遍性が求められるようになっていたのだろう。汎用性において、「君が代は」の方が、「我が君は」にまさっている。日本人は、いつからか、「我が君は」の五音以上に、「君が代は」という音の連なりを好むようになった。一旦置き換えてからその先は、初出の言葉の連なりを、いにしえの時間の層に放置した。「きみがよは」を好む精神が、鎌倉時代以降、「わがきみは」を圧倒し続け、やがて、近・現代に至っていく。

日本の文化的脈絡に係わる時間の層をいくら掘っても、特定かつ唯一特別な〈誰か〉にだけ、

《君が代》の〈君〉を固定し続けた跡はない。初出の和歌において、然り。冒頭五音を「君が代は」に置き換えた中世以降は、なおさらのことである。《君が代》の〈君〉が誰かは、状況次第で変化する。私かもしれない。貴方かもしれない。

二　神社の祭祀に潜む記憶

多言語・多民族の古代日本

車窓から外を覗くと、周りの景色は後ろに動く。西から東へ自転する地球上から空をみると、天体は東から西に移ろうように感じられ、太陽や星々は、東から昇って西へと沈む。日輪の昇る方向を指す〈日《ひ》〉の〈本《もと》〉という言葉が、〈日本〉という語を育んだ。ユーラシア大陸の東の端の島弧地帯に、日本は位置する。更に東方の〈日の本〉は、巨大な太平洋の広がりである。波はあっても、大地がない。

方位と地域を重ね合わせる習慣は、世界中に存在している。地中海地域の交易民だったフェニキアの人たちも、〈日出ずる方位〉や〈日の没する方位〉を意味する単語を使った。〈asu〉 〈ereb〉といい、〈アジア〉や〈ヨーロッパ〉の語源に係わる。地理的事実には、口を差し挟む余地がない。陸地を育む自然の力は、〈アジア〉のなかの更なる〈アジア〉、〈日の本〉中の更なる〈日の本〉の場所に、日本を置いた。

現生人類の跡が、東アジアの島弧地帯に印されるようになるのは、四万年近い昔である。最終氷河期のさなかだった。過去の海水面は、現在と比べて遥かに低い。大陸と島弧が陸続きに連続しており、歩いて渡れた。出アフリカを成し遂げ、地球各地に拡散をはじめた現生人類は、北から、南から、また朝鮮半島を通り、日本にまでやってきた。氷河期が終わり、海水面が上昇すると、日本列島は大陸と切り離され、地域として自立する。来る時代を違え、経由地を別にし、雑多な人々が混合し、今日の日本人が誕生した。

日本から約五千キロメートル南方の太平洋上に、ニューギニア島という島がある。グリーンランドに次いで、島として世界で二番目に大きい。七番目が、日本の本州である。ニューギニア島にも、様々な人々が、多方向から時期を違えて住み着いた。北半球の文明地帯に遠く、多様な民族的まだら模様が残存する。二〇世紀の後半期になお、全島で八百種を超える言語が喋られていた。人口は、八百万人以下にとどまる。ニューギニア島の言語密度は、世界のなかで極めて高い。計算上幾分か単純化した数字を用い、話者人口の平均を算出すると、一言語当たり一万人に達しない。

人類の歴史は、広大な地域を手に入れた巨大な政治的統合体からの旅立ちではなかった。奈良時代に編纂された『風土記』をみると、かつての日本も、異なる地域間の意思疎通に通訳を必要としている。周辺を屈服させ、移住者を抱え込み、技術集団を取り込み、地域を一体化させていく時間の向きを逆さにして、古墳時代・弥生・縄文・旧石器へと時を反転させれば、恐らく日本も、多言語・多部族のモザイク状に、社会が入り組んでくるだろう。ニューギニア島と、どこかが似てくる。

人類の文化は、狩猟採集社会とともに歩みをはじめた。動物を狩り、有用なものを採集する生き方である。ひとつの群れの規模は小さく、生息域は広い。巨大化した現代社会と、質を違えた。東アジアにおける文明の先行地域は、中国である。大文明を形作った中国は、周辺に刺激を与え続けた。周辺も、文明の影響を受け、地域内部を変貌させていく。中国の史書の記述を介して、文字以前の日本の様子が、ぼんやりと分かる。百余国・三十国・倭の五王などと書かれた数の変化が、紀元前からの数百年にわたる日本の姿に対応していた。現代の日本とは、大きく異なる。

古代歌謡の言祝ぎの歌

人類の原初的な宗教感覚は、万物すべてに霊魂を感じる心根だろう。アニミズムと呼ばれる。

ラテン語で霊を意味する〈アニマ〉の語に由来し、自然と人間とのあいだの基本的な関係が、宗教の形を息づいている。日本でもかつて、八百万《やおよろず》の神々が、大地とともに呼吸していた。各地に点在する神社が、人類起点の感覚を、文明社会に保存している。仏教伝来以前の土着とつながる地域固有の習俗や、古い日本が、神道内部に眠っていそうだ。仏教は、アジアの普遍宗教である。民俗神道の代わりができない。祭礼の響きに呼び覚まされて、埋もれてしまった地域の記憶が、折々に、日本の各地で鳴り響く。

神道は元々、巨石や樹木や山や丘など、自然をそのままに神域として尊んだ。人間と自然の共生を大切にしている。一神教のように、神を絶対化し、人間と峻別した宗教ではない。神道では、神々の世界と人間の世界は連続していた。神人合一の感覚を磨き上げ、人々とともに神は遊んだ。神とともに、人も遊んだ。

古代歌謡の神楽歌に、次のような歌が存在する。

朝尋ね　君も神ぞ
汝《まし》も神ぞ
君も神ぞ
汝も神ぞ

君も神ぞや　遊べ　遊べ　遊べ　遊べ　遊べ　遊べ
遊べ　遊べ　汝も神ぞ　遊べ　遊べ　遊べ　遊べ　遊べ　遊べ

古代の風土記歌謡のなかには、人の世の豊かさを願う歌がみられる。子々孫々の栄えを祈る予祝の言祝《ことほ》ぎである。〈言〉は〈こと〉、祝福することを、古語では〈ほく〉という。〈ことほき〉の語の由来である。〈言祝ぎの歌〉は、〈寿ぎの歌〉につながる。語意を幅広く取るなら、〈賀の歌〉と同義となる。風土記歌謡のひとつを、先の神楽歌同様、読み下し文の形に引用する。常陸の国の祖神が発する唱え言である。

人民《たみくさ》集ひ賀《ことほ》き　飲食《おしもの》豊かに
代代《よよ》に絶ゆることなく　日《ひ》に日《け》に弥栄《いやさか》え
千代万歳《よろずよ》に　遊楽《たのしび》窮《きわま》らじ

祭祀のなかの《君が代》

日本の古代国家形成時には、近畿地方の勢力が重要な役を演じた。畿内からみると、九州や本州東北部は遠隔地である。有力な地方勢力が、自立的な力を誇った。古代の九州には、隼人族や安曇《あずみ》族などの人たちが住んでいる。中央が組み敷こうにも、時間を要した。

隼人や安曇に係わる神社のなかには、祭りの最中に《君が代》の文言を立ち昇らせる例が幾つかみられる。福岡県福岡市の志賀海《しかうみ》神社は、古代の有力氏族安曇族の祖神を祀る。国宝の〈漢委奴国王印《かんのわのなのこくおういん》〉が発見された志賀島に鎮座する古社である。志賀海神社の《君が代》は、〈山誉漁猟祭《やまほめかりすなどりのまつり》〉のなかで聞こえる。山の幸、海の幸を願う祭祀のなかの言葉である。矢を放って狩の安全と豊猟を願い、舟に鯛が寄ってくる様子に大漁を祈念する。所作に寄り添い、神官が、よく知られた言葉そのままに、《君が代》の文言を口にする。

二の禰宜　一の禰宜どの。こは七日七夜の御祭《おんまつり》、御酒《ごしゅ》に食べ酔い、
　　　　　臥《ふせ》って候。七頭《かしら》八頭お髪《ぐし》のまえを通る鹿、なんとなさる
一の禰宜　そのときこそ志賀三社大明神の御力《みりき》をもって、
　　　　　一匹たりとも逃《の》がしはせぬ
二の禰宜　君が代は、千代に八千代に、さざれいしの〔云々・以下略〕……
　　　　　あれはやあれこそは、わが君の御舟《みふね》なり、
　　　　　うつろうがせ、みがいに命、千歳《せんざい》という

南九州は、隼人の記憶を深く染み込ませた地域である。幾つかの祭りで、隼人の首領をかたどる巨大な〈弥五郎どん〉人形が、主役を演じる。霧島市隼人町の鹿児島神宮では、隼人の血筋を引く人たちにより、先祖由来の舞が、今でも舞われる。

隼人族の人たちは、宮廷に朝貢し、近畿政権下に編入されると、皇宮警護の役を担った。警護ばかりか、舞を演じた。従属儀礼として歌舞を奏すると、その芸は、古代社会に風俗《くにぶり》を伝える歌舞《うたまい》となる。隼人の舞は、足を上げ走り回る独特なものと伝えられている。他地域の歌舞と、相当異なっていたようだ。服属芸能となった隼人舞の正確な姿は、時の流れに消え失せた。しかしその命脈は、庶民化し祭事で舞われると、変化しつつもしぶとく残る。

鹿児島県薩摩川内市入来《いりき》町の大宮神社には、皇宮を警護した一二人の隼人たちにまつわる神楽が伝承されている。神舞《かんまい》三六番中二二番一二剣舞に《君が代》の詞章が含まれていた。入来大宮神社は、近江坂本の日吉神社から鎌倉時代に勧請された。入来神舞の成立は、更にのちと推定されている。《君が代》の言葉が、どのような経緯で演目のなかに入ってきたのか、もはや確認のしようがない。入来神舞は、演劇的に展開される神楽である。隼人の地が、和合の過程を通し、〈日の本〉に統合されていく様子を形象化していた。〈君が代〉の詩句が出現するあたりを書き出してみよう。芝居の台本仕立てに改編した抜き書きである。

鬼神　さって言語道断、言語道断、鬼形がおさえしかの地の所に、
大刀を結界捧げあることは、これ不審とも不審なり。
よく開くものならば許すべし。

舞人　君が代は千代に八千代にさざれ石の、いわほとなりて苔のむすまで。
再拝々々、敬って申す。常闇の雲晴れて、あな面白やと力強くも舞い給う。
十二方に剣を結界、地を定め彼所を鎮め、千代八千代に無息円満に、
四神相応の地と鎮め申し奉る所なり。再拝々々、敬って申す。

鬼神　君が代は千代に八千代にさざれ石の〔云々・以下略〕……
常闇の雲晴れて日の光は国の内に充ち渡り、
四方の衆生も利ありし給うなり。
四神相応の地となること疑いなし、鬼形も共に和合の舞を舞い奉る。

古来、霊は万物に宿るだけではなく、言葉にも宿った。人々にとっての大切な言葉は、口から発せられるだけで、言葉に潜む霊力が、力を振るう。ちょっとした傷なら、今日なお、「痛いの、痛いの、飛んでけー」という呪文の魔力が、痛さを和らげてくれるだろう。

仏教における真言では、音として、古代サンスクリットの発音が大切にされている。翻訳を

行わずに音写を用い、〈呪〉ないし〈明呪《みょうじゅ》〉と呼ばれる。キリスト教の教会は、〈主禱文《しゅとうぶん》〉や〈使徒信条〉などで、何度も同じ文言を繰り返し利用する。宗教上の〈説教〉は、英語に直すと〈サーモン（sermon）〉である。学者たちは、〈サーモニック・スタイル〉という学術用語を発明し、朗唱や語り口調の発話に、音楽的な居場所を定めた。常陸の国の祖神が発する風土記歌謡は、〈サーモニック・スタイル〉で唱えられた。世界各地で用いられる発話法と、言霊への記憶を共有し、互いに呼び交わし合っている。入来大宮神社や志賀海神社の《君が代》も、神道流儀の〈サーモニック・スタイル〉で語られる。《君が代》の言葉を形作る三二音節のひとまとまりが、いつの間にか、共同体の〈まつりごと〉に入り込んでいた。言葉の集合体が呪文同等の力を獲得していて起こりうることである。

地域を越える《君が代》

安曇氏の祖神は、その名を安曇磯良《あずみのいそら》という。アフリカやオセアニアの神々同様、祭り場に姿を現わし、人々の前で踊りを踊った。安曇磯良は、異界の存在にほかならない。舞い手は、登場に際し、白い布で目より下の顔を隠した。志賀海神社をはじめ、九州八幡系の諸社や、奈良春日大社の〈若宮おん祭り〉などに伝承され、〈細男舞《せいのおまい》〉として知られている。

ユーラシア東部の島弧地帯に統一王権が誕生するにつれ、〈細男舞〉や〈隼人舞〉のような古代の舞が、日本各地を行き来しはじめている。各地域の芸能は、もはや、芸能を育んだその地域だけで演じられるものではなくなった。《君が代》の詞章も、地域を越える。古代の踊りや、民俗の祭りに溶け込んだ《君が代》の様子を手掛かりに、アジアの〈日の本〉で起こった地域統合の広がりが、ほのかに垣間みえてくる。

日本列島の住人は、縄文時代の最盛期に、三〇万人弱と推定されている。稲作の普及に伴い、弥生時代以降、増大の道をたどった。奈良・平安の時代になると、四百から五百万人程の人口を数える。戦国期に一千万人に達し、享保の改革ののちに三千万を超えた。明治維新を迎えた一九世紀中頃の日本人口は、三千三百万と少々である。同時期における地球全体の人口は、一二億人強と見積もられている。その頃、大言語に発達した言葉を含め、世界中で話されていた言語の数は、およそ一万に程近い。計算を意識して、数値は簡略化してある。一言語あたりの平均話者人口の算出は、簡単だろう。先進地帯が近代を迎えたときでも、その数、一五万人に達しない。

地球と人間の関係は、地域に応じて多種多様である。自然条件や文化的条件は、地球各地で変化に富む。社会変化の進行度合いは、地球の陸地全体で均一化できない。地球は広い。日本も広い。一万年前も、千年前も、二百年前も、百年前も、世界のありようは様々だったし、いまだに多様だ。

三　寺院芸能と能の周辺

能の特性

音楽文化の変化と、時代の転換は、連動している。幕末の開国によって西洋文明への扉が開くと、日本社会に、西洋の音楽語法が流れ込んだ。太平洋に帆船の行き交う大航海時代の到来は、日本に三味線を伝来させ、音楽文化を大きく変えた。

能という芸能の完成を考えるとき、武家の台頭に伴う日本社会の構造変化が欠かせない。南北朝期から室町期にかけて、芸能としての姿が整えられ、その後の日本の芸能に影響を与え続けた。桃の節句を飾る雛人形の五人囃子にも、能を奏でる五人の楽人が、向かって右から、謡《うたい》・笛・小鼓《こつづみ》・大鼓《おおつづみ》・太鼓《たいこ》の順に並んでいる。江戸時代に一般化した女の子の世俗の祭りにまで、能は、したたかに入り込んでいた。

能の響きは、雅楽の音色とまったく異なる。仏教導入時に中国から運び込まれた雅楽と違い、外来の匂いが、ほとんどしない。芸能として洗練され、原始の感性と距離を置く。日本の大地で発酵攪拌された音楽要素が混じり合い、日本独自の芸能として自立していた。演じられる場所も、神社の祭祀のように、宗教の場だけに限定されない。

芸能として、独自な地平を確立しながら、能と宗教の関係は、微妙である。能と係わる宗教は、仏教だった。神道ではない。京都の西本願寺には、最古の能舞台が現存する。現代に至る薪《たきぎ》能の伝統は、奈良興福寺の仏事の儀式にはじまった。能の完成に重要な役割を演じた観阿弥・世阿弥親子の名のなかに、大乗仏教における諸仏の本師《ほんし》〈阿弥陀如来〉からの二文字、〈阿弥〉が隠れる。世阿弥の娘婿である金春《こんぱる》流中興の祖・金春禅竹の名にも、達磨大師が開いた宗派、〈禅〉の一字が含まれる。賤民芸能者たちによって演じられた大和猿楽にまで能の源流を遡ると、彼らの保護者であった南都奈良の諸寺院が果たした役割が、極めて大きい。

長寿を言祝ぐ〈延年〉芸能

能の成立に、寺院ゆかりの〈延年〉という芸能が、重要な役割を担っていた。寺の余興・賓《ひん》客《きゃく》饗応・任官儀礼の催しである。宗教の根幹に係わる法会や祈りとは、一線を画する。演じたのは、下級僧侶や稚児たちだった。芸に熟達した僧たちが芸を演じるようになると、人々は、彼らのことを遊僧と呼んだ。〈延年〉とは、〈遐齢《かれい》延年〉の略である。遊宴歌舞が長寿につながると考えられ、観衆たちの長寿を願う芸能として、善男善女に喜ばれた。

興福寺は、南都奈良の大寺院である。盛んに〈延年〉を行った。平安時代の〈賀哥《がのうた》〉や〈祝〉

の歌は、長寿を愛でる。長寿を言祝ぐ内容の言葉は、長寿を願う芸能に似つかわしい。『和漢朗詠集』に〈祝〉として収められた朗詠の詩歌が、興福寺延年の詞章として、幾つも用いられていた。『和漢朗詠集』〈祝〉項目二番目の歌〔Ⓐ〕は、中国皇帝由来の建物、〈長生殿〉や〈不老門〉の名を詠み込む。少々言葉を改められて、興福寺延年〈乱拍子一声〉〔Ⓑ〕のなかに、その顔を覗かせた。

Ⓐ長生殿の裏には春秋富めり　不老門の前には日月《じつぐえつ》遅し
Ⓑ△長生殿ノ裏ニハ　千年春秋ヲトヾメタリ
　不老門ノ前ニハ　年ハ行ケドモ老《おい》セズ

《君が代》に係わる〈祝〉項目三番目の言葉も、〈延年〉の詞章に転用された。興福寺の〈遊僧拍子歌〉を数例掲げる。初出の「我が君は」が、「君が代は」に変更され、周知の《君が代》の形となって、丸ごと出てくる。

○やあら僧よや三笠山　松吹風の高ければ　空に聞ゆる万代の声
　やれことうたう　万代の声　万代の声

○君が代は〳〵千世にやちよにさゞれ石のいはほとなりて〳〵こけのむすまで
○君はたゞ〳〵心のまゝのよはひにて千代万代の〳〵数もかぎらず

詩文中の〳〵の印は、庵点《いおりてん》と呼ばれる。記号の一種として、歌の出を人に教えた。〈延年〉の精神と《君が代》の詩句は、互いに強く共振し合っていたらしい。仏教芸能の〈延年〉は、《君が代》の文言を大切に扱った。行事が縮小していく時代になっても、この文言だけは歌われ続け、人々の心の奥深くに、《君が代》の言葉を染み込ませていく。

能の神々と祝言性

奥州平泉の毛越寺《もうつうじ》には、貴重な〈延年〉が残された。春神事結願《けちがん》の法楽《ほうらく》である。常行堂の奥殿に安置された秘仏の祭儀として伝えられている。毛越寺の〈延年〉は、南都の大寺で行われていた往古の賑わいと、性格が異なる。峻厳な空気が、過去を今に残す触媒の役を果たしたようだ。儀礼において最も大切な〈祝詞《のっと》〉は、顔に翁面を付けた唱者によって、つぶやくように唱えられる。周りの人たちは、いかに耳を凝らそうにも聞こえない。

毛越寺の翁面は、摩多羅神《またらじん》と呼ばれる神と係わる。仏教の内懐にも、思いのほかに多様な神々が紛れ込む。能の翁面について、「翁ヲ宿神《しゆくじん》ト申《もうし》タテマツルコト」と書き記したのは、金春禅竹だった。後戸《うしろど》の神として、祠などにひっそりと祀られている守宮神《すくじん》・宿神《しゆくじん》の系譜につながる。翁の面には、芸能神が宿っていた。翁面を付けて舞う『翁』という演目は、能役者にとって特別なものである。能でありながら、能ではない。演目というより、神事に近い。

能の『翁』を演じる際、出演者は、精進潔斎をして舞台に臨む。面箱を先頭に、諸役が順次並んで登場し、面は、舞台上で着脱される。能の源流となった大和の猿楽集団は、南都の大寺院に従属しながら、普段、小集団に分かれて村々を巡り、物真似芸などを披露していた。寺社の催しに応じて参集し、彼らの芸を奉納した。かつての奉納芸の姿が、演目としての『翁』を介し、今に伝わる。『翁』が、別格の祝言曲である謂《いわ》れだろう。

能の『翁』には、劇としての筋がない。呪文のように聞こえる言葉の連なりは、三味線のチントンシャンに対応する雅楽用の口三味線と考えられている。呪文に挟まれ、〈遐齢延年〉の精神に相通じる詞章が語られる。長寿を成し遂げ神格を有した老人が、天下泰平・国土安穏・五穀豊穣を、神官のように神に祈った。

地　ちりやたらりたらりら、たらりあがりららりとう。
翁「所千代までおはしませ。
地　われ等も千秋さむらはう。

翁「鶴と亀との齢《よわい》にて、
地 幸ひ心にまかせたり。
翁「とうとうたらりたらりら。

能では『翁』に引き続いて、通常、神を主役とする曲が上演される。〈脇能〉と呼ばれている。『翁』の脇に置かれるから〈脇能〉であり、軽んじての〈脇〉ではない。五番立てからなる江戸期の興行順の呼び名では、〈初番目物〉となる。神が主役を演じるため、〈神能〉ともいう。世の中の平和や安全などを予祝し、そのすべての演目が、祝言性を備えた。

初番目物の演目には、『高砂』『養老』『鶴亀』『老松』『竹生島』などが含まれる。日本文化に詳しい人なら、曲名を聞くだけで、御目出度い内容と察しがつく。演目の性質を反映してか、初番目物の多くに、《君が代》関連の言葉が入り込んでいた。四〇番程の演目が、初番目物として現存している。実際に「き・み・が・よ」の四音が聞こえる曲だけでも、『高砂』『弓八幡』『志賀』『御裳濯《みもすそ》』『難波』『白楽天』『呉服《くれは》』と指が折れる。偶発的な出来事とは考えられない。『養老』や『老松』などでは、「千代に八千代に」以降の《君が代》の文言が聞こえる。『老松』の一部を抜き出してみよう。江戸期に四世杵屋六三郎が作曲した長唄の『老松』は、この能の『老松』を下敷きにしていた。

シテ「これは老木《おいき》の神松《かみまつ》の、
地これは老木の神松の千代に八千代に、さざれ石の、巌となりて、苔のむすまで。
シテ「苔のむすまで松竹《まつたけ》、鶴亀の、
地齢を授くるこの君の、行く末守れとわが神託の、告《つげ》を知らする、松風も梅も、久しき春こそ、めでたけれ。

初番目物に登場する神霊は、一作ごとに様々である。『養老』の話は、滝伝説に基づく。登場する神は、山神だった。『養老』の山神は、明治に至るまで日本人の心を支えた神仏混淆の論理について、舞台の上で物語る。一切衆生の救済を成し遂げようとする願いにおいて、神も仏も一体である。神と仏のあいだに違いはない。『老松』では、菅原道真を祀る北野天満宮の神木の霊が登場する。樹齢を経た松や梅の老木に神々しさを感じる心性は、日本だけでなく、東アジア一帯に共通した。隣国との密接な文化的関連が、能という日本独自な芸能の内側にみて取れる。『呉服』という演目で神格化されていたのは、中国の呉の国から機織りの技術を日本に伝えた女性だった。神社縁起に係わる『弓八幡』の場合、高良《こうら》の神が、八幡宮の神託を舞台で伝える。〈高良〉と〈高麗〉とは、音が近い。恐らくは、朝鮮半島の高麗が変化しての、

〈高良〉である。

能のみなもと

仏教は、インドに発した。西域からアジア各地をたどり、広域な文化の息吹きを、日本に伝えた。ユーラシア東部を覆う世界宗教である。遠い異国の習俗が、とき折、仏教行事に顔を覗かせる。

南都大寺院の修二会《しゅにえ》は、修二月会ともいう。春を告げる年中行事として、東大寺の〈お水取り〉や、薬師寺の〈花会式〉などが知られる。堂内の法要の様子は、火の粉を求めて群れ集う善男善女の目に届かない。精進潔斎した錬行衆たちにより、国家繁栄・万民豊楽・五穀豊穣が祈られる。密教的な装いの呪師《しゅし》が、呪文を唱え、堂内を走る。五体投地に膝を強く板に打ち付け、乾いた音を響かせる。東大寺二月堂の〈達陀《だったん》の行法〉では、法螺貝の音とともに火天・水天が飛び跳ね、松明の火の粉が舞い踊る。古代インドのパーリ語の〈ダッタ〉が転じ、〈達陀〉となった。〈ダッタ〉とは、〈焼き尽くす〉との意味らしい。

呪師の動きは、呪師猿楽の芸能者たちによって受け継がれた。呪師猿楽に内在する秘儀性は、能の『翁』のなかに溶け入った。〈呪師走りの翁〉という言葉が、奈良の興福寺に残されている。能は、中国伝来の雑芸〈散楽〉の流れを引き、日本古来の神楽や、仏教伝来の芸能から滋養をもらった。当時流行していた曲舞《くせまい》の影響を受け、中世に、芸能としての姿を整えた。京都の古社、朝鮮からの渡来人・秦氏につながる松尾大社は、平安末に彫られた翁面そっくりの神像を保存する。

能の内部に向かって、多様な事象が流れ込んでいる。確立された能を経由し、様々な文化伝統が、その後の日本に流れ出ていく。能は、日本文化の結節点のような場所にある。中世に確立された能という芸能の内部で、過去や、同時代や、その後が圧縮され、凝集していた。

〈現在能〉のなかの《君が代》

日本の中世期は、中世期に相応しい芸能を育て上げた。白拍子舞も、そのひとつといえるだろう。烏帽子《えぼし》・水干《すいかん》・袴姿の神事装束を身にまとい、女性が演じる。寺院芸能〈延年〉の舞台にのぼり、人々を喜ばせていた。白拍子舞は、やがて曲舞と呼ばれる芸能を育む。越前の武人・桃井直詮《もものいなおあきら》が創始した幸若舞も、曲舞の一種だった。織田信長は、幸若を好み、桶狭間の戦いに臨んで、「人間《じんかん》（人の世）五十年、下天《げてん》の内をくらぶれば」とひとさし舞った。信長の逸話を通し、当時の武人たちに好まれていた様子がうかがえる。『敦盛《あつもり》』という演目中の詞章である。源平合戦が、題材だった。

源平時代の出来事は、能にもしばしば取り上げられた。〈神能〉と異なり、現実を生きた人物たちの物語である。非現実的な主人公が登場する〈夢幻能〉と対比して、〈現在能〉と呼ばれている。神的・霊的な存在を舞台に登場させるばかりが、能ではなかった。初番目物の祝言性と異なり、〈現在能〉は、筋立て重視の人間劇にほかならない。宇治の戦いで鎌倉側の捕虜となった少年・増尾の春栄丸《しゅんねいまる》を巡る『春栄』では、兄弟愛を軸に話が進む。死罪を免れぬ身に、鎌倉からの赦免状が届くと、兄の種直《たねなお》ともどもに、身の幸運が祝われ、喜びのなかで舞が舞われる。《君が代》でお馴染みの言葉が使われていた。

地 定めを祝ふ祝言の、千秋万歳《ばんぜい》の舞の袖、翻《ひるがえ》し舞ふとかや。
シテ「千代に八千代をさざれ石の、
地 祝ふ心は万歳楽《まんざいらく》。
ワキ「いかに種直、かかるめでたき折なれば一さし御舞ひ候へ。
シテ「さらばそと舞はうずるにて候。
地 祝ふ心は万歳楽。
――シテの男舞。

『正尊《しょうぞん》』という演目には、源義経と、白拍子の静が登場する。鎌倉方の刺客・土佐坊正尊相手の酒宴が、京都の義経の館で催された。子方《こかた》と呼ばれる能の子役が、義経の恋人・静を演じて、刺客を前に可憐に舞う。子方の使用は、シテ中心主義の能にあって、主役を食わない工夫だろう。静が舞い謡う当時の流行歌謡〈今様〉は、義経への変わらぬ愛を表現していた。「君が代は」の言葉を含み込む。

地 静といへる白拍子、今様を謡ひつつ、お酌に立ちて花かづら、かかる姿ぞ類ひなき。舞の袖。

子方 「君が代は、千代に一度《ひとたび》、ゐる塵《ちり》の、

地 白雲かかる山となるまで、山となるまで山となるまで。

子方 「変らぬ契りを頼む仲の、

地 変らぬ契りを頼む仲の、隔てぬ心は神ぞ知るらん…

——子方の中《ちゆう》の舞。

能を愛した当時の人たちにとり、〈現在能〉の演目は、近過去を描く身近な物語にほかならない。能を育んだ時代や社会から、直接に言葉が、生い育ってくる。劇中の《君が代》は、鎌倉期や室町期に歌われていた詩歌の文化と、そのまま直につながり合っていた。文化は、社会

とともにある。能の舞台は、先立つ芸能から滋養を得、当時の人々の想いや日常と結びつきながら、今に、日本の過去を蘇らせている。

第三章 草の根への浸透

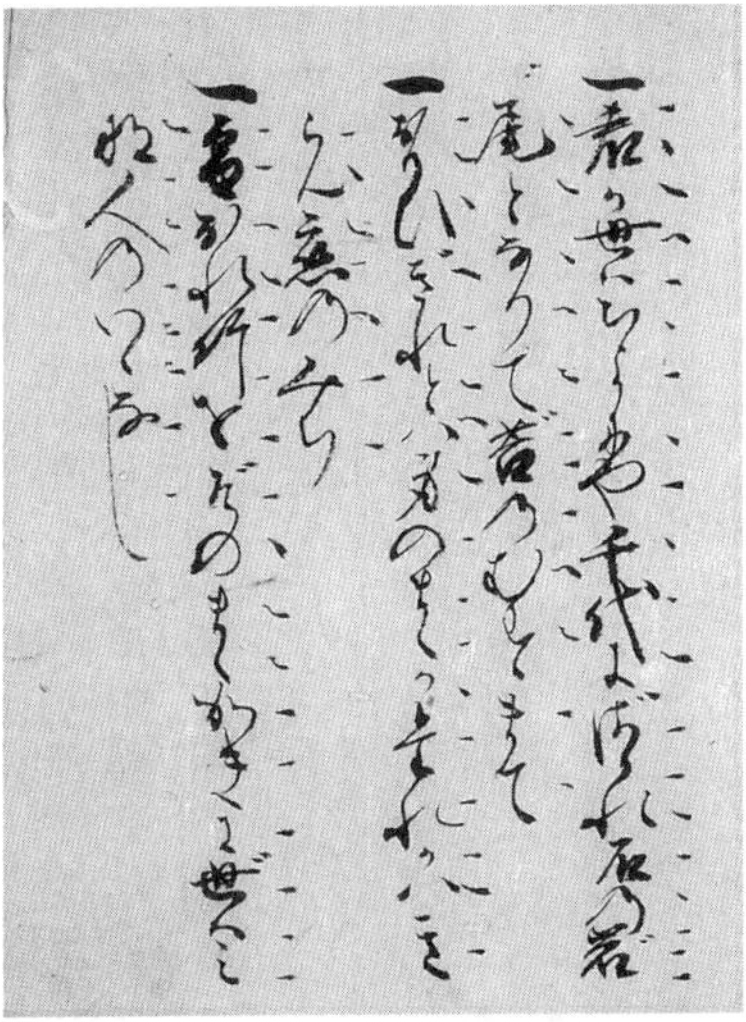

『隆達小歌二百首』の第一頁（72〜73頁参照、生駒山寶山寺・奈良女子大学学術情報センター所蔵）

一　言葉の遊び

成長する石の話

金属が自由に使えるようになる以前、人は石から道具を作った。人類の歴史において、石器の時代は、鉄器や青銅器に先行している。組成の異なる石には、石に応じて使い道があった。古くから人類が利用してきた七つの金属、鉄も銅も錫《すず》も、金も銀も鉛も水銀も、その大方が、岩石状の鉱脈として大地の内側に存在する。地質学分野の方々の知恵を借りれば、日本の山中に佇む小さな神社の足許には、かなりの確率で、鉱山の跡が潜むらしい。かつて、岩や鉱物には、神が宿った。巨大な岩を磐座《いわくら》と呼び、御神体として祀る神社の数は、極めて多い。現代人と昔の人とのあいだで、岩や石に対する想いは、大きく異なる。

小さな砂粒の堆積に、大きなひとつの生まれ出る喜びを、いにしえの文章が表現している。浜の真砂が、やがて〈いわお（巌）〉に変化する。『古今和歌集』の仮名文で書かれた序文・仮名序から、その一部を抜き出してみたい。旧仮名遣いで〈いわお〉は、〈いはほ〉と記された。

かく、このたび、あつめえらばれて、山したみづのたえず、はまのまさごの、かずおほくつもりぬれば、いまは〔略〕さゞれいしのいはほとなるよろこびのみぞあるべき。

文中の〈さゞれいし〉の意は、〈小石〉だろう。古語の〈ささ〉は、〈細〉または〈小〉を表わす接頭語である。他の語の前にくっつき、意味を添えた。〈小さな波〉は、〈ささ〉を使うと〈さざ波〉になる。〈さざれ波〉や、〈さざれ水〉のような言い回しも存在した。『万葉集』の巻第一四に収められた歌を紹介しておく。作者は不明である。女心は、恋する人を偲ぶものなら、些細なものにも愛しさを感じる。歌のなかで、〈小さな石〉が、貴重な〈宝玉〉に変化していた。

信濃なる筑摩《ちぐま》（千曲）の川の細石《さざれし》も君し踏みてば玉と拾はむ
〔万葉仮名：信濃奈流　知具麻能河伯能　左射礼思母　伎弥之布美弖婆　多麻等比呂波牟〕

『酉陽雑俎《ゆうようざつそ》』という名の中国の奇譚集がある。唐時代末期に、段成式という人物によって書き記された。湖南省にある伝説と神話の山、道教の霊場であった酉陽山の名に因み、物珍しい話に富んでいる。シンデレラと靴の話の原型が含まれる。成長する石の話もある。成長する石の話は、《君が代》の歌の内容と直につながる。今村与志雄氏の訳を用いて、引用しておきたい。

江《かわ》に臨んで寺があって、寺の前は、漁師や釣り人があつまった。ある漁師が、網を下ろし、それをひきあげたところ、重くて網がいたんだ。よく視ると、拳ぐらいの石が一つあった。そこで、寺の僧にたのんで仏殿においてもらった。石は、そのまま、しきりに成長した。一年たって、重さが四十斤になった。

中国の『酉陽雑俎』は、《君が代》初出の『古今和歌集』に半世紀程先立っている。いにしえの中国や日本では、石は玉となり、岩ともなった。東アジアは、些細なものが貴重なものに変わる譬えに、小石の変化を好んだようだ。現行の国歌『君が代』をみると、歌詞の後半部分で、〈小さな石〉が〈巌〉に転じ、更に〈苔〉の衣がまとわりつく。様態の変化は、〈小石〉から〈岩〉の二段階にとどまらず、〈小石〉〈岩〉〈苔〉の三段階に拡張されていた。石を材料に、想像力がその翼をはばたかせている。言葉の遊びでもあるのだろう。事実を云々してもはじまらない。

代・千代・八千代＋石・岩・苔

《君が代》の歌への註釈は、初出の『古今集』のものをはじめ、古くから、数多く存在している。後年、「君が代は」の歌い出しで一般化した『和漢朗詠集』の歌への註も、あまた書き記されてきた。江戸時代の人・北村季吟《きぎん》は、和歌に、次のような解釈を施した。

君は千代に千代をかさねさゞれいしのいはほとなるまでひさしくましませと也。千代にとよみきりて八千代とよむといふ説もあり。さゞれいしは小石細石とも書く。苔の生ふるをむすとよめり。巌となるばかりにては巌のたよりなければ苔のむすとそへたり。

文面から察するところ、歌に含まれる「ちよにやちよに」の七音は、古く、周知の「千代に／八千代に」のように読まれていない。「ちよに／やちよに」のほか、「ちよにや／ちよに」と分節でき、「千代にや／千代に」と字を当てる方が、一般的だった。「千代」に「千代」を重ねた〈千代／千代〉の語感が、〈チヨチヨ〉と鳴く千鳥の鳴き声を連想させ、人々の心をくすぐっていた。時が進むと、〈代〉〈千代〉〈八千代〉と展開する末広がりの変化の方に、日本人の好みが移動していく。三段階の順次的拡大である。ホップ・ステップ・ジャンプの要領といってよい。

三段階跳躍する言葉の遊びは、現行の『君が代』の歌詞のなかに、ふたつみられる。〈代〉〈千代〉〈八千代〉と、〈石〉〈岩〉〈苔〉の二種類である。時間の長さに係わる〈代〉が、和歌を形作る最初の五音七音で、あっという間に〈代〉〈千代〉〈八千代〉へと増幅し、別種の三段階、〈石〉〈岩〉〈苔〉に立場を譲る。五・七・六・七・七からなる短い三二音節内部で、ふたつのホップ・ステップ・ジャンプの跳躍が、対を作った。工夫された二重の末広がりである。言葉の連なりの向こうにあるのは、永遠への願いなのだろう。巧みな言葉の組み立ては、日本社会に歌を定着させる一助として働いたに違いない。

「神が代」と「君が代」

人々に好まれた歌の周りには、似たような発想の歌が群れを作る。類は友を呼んだ。ひとつの単語に同義語があるように、歌もまた、類似の歌を育て上げる。同音の漢字を使い分けると、類似と差異の同居は、より簡単に処理がきく。「君が代」「千代」は、度々、「君が世」「千世」に差し替えられた。〈代〉と〈世〉は、たやすく入れ替わる。その反面、上位階層を表わす同音の〈公《きみ》〉で、〈君〉を代用した事例は、絶無に等しい。置き換えのきかない文字も存在していた。

歌のなかの〈君〉の字の字義解釈を巡っては、再三意見が戦わされてきた。〈代〉という文字も、いっとき、議論の俎上にのぼった。〈代〉と〈世〉。両者の違いは、微妙である。文字の歴史に精通した白川静氏の『字統』『字訓』『字通』を繙くと、〈世〉の字は、枝に新芽の生え出る形に発した。竹の節や、新しい世代を意味する。〈代〉の字を構成する〈弋〉の部分は、漢字が作られていくその当初、マサカリの象形だった。マサカリを呪器として更改の儀式を行った事実に係わり、〈代〉は〈代わり〉を表わしている。文化や音楽の伝統と切り離し、文字の語義解釈だけに偏った《君が代》分析のやりとりをすると、ときに、思い違いが避け難い。「君が代」転じて「君が代わり」とこじつけをすれば、永遠への願いとともにあった《君が代》も、あっという間に呪詛の歌へと誤読ができる。

「神と君」という言い回しがある。能の謡の文句にみられる。〈神〉を抜き出し、〈神〉に〈代〉を添えると、〈神代〉となる。平仮名を一字挟めば、〈神が代〉という言葉が生まれる。能の初番目物の主役は、神々だった。〈神が代〉の語が、〈君が代〉同様、能の詞章として、とき折耳に届いてくる。地方化した能が、〈神代〉〈君代〉の一対を使用していた。出雲の佐陀神社の神職は、一六世紀末から一七世紀初頭にかけての慶長年間に京で猿楽の所作を学び、国に戻ると、日本神話を能に仕立て直した。〈佐陀神能〉には、『真切霎《まきりめ》』という演目がある。天岩戸《あまのいわと》の戸が開き、世に明るさの戻った情景が、〈君か代〉〈神の代〉の対比を用いて謡われていた。

シテ〽〔略〕つゝミ（鼓）の数はよもつきじ　君か代も神の代も　幾久かたの天津日つき…

佐陀神社に奉職する社家の人々によって演じられた能の主役シテの言葉である。〈君か代〉〈神の代〉の一対は、〈人界〉〈天界〉の対比につながる。〈神の代〉と並べて置かれたときの〈君が代〉は、現代語に直すと、〈人の世〉と同義かもしれない。仏教用語の〈人間《じんかん》〉同様、〈世の中〉と言い換えることもできるだろう。不思議なことに、〈君〉を〈公〉で書き直し、〈君が代〉を〈公が代〉と変化させると、もはや〈人の世〉を表現できない。

中世俗謡の「君が代」好み

中世日本では、世間に流行る流行歌謡を、今様と呼んだ。今風の歌の意である。白拍子や遊女をはじめとする往時の芸能者たちが、巷に今様を流行らせていた。芸能者たちは、生きる手段として、仕込んだ芸を客に売る。芸を演じさせてもらうには、世の安寧や、客の幸せを願う歌を最初に歌い、相手を喜ばすにしくはなかった。芸を売る者にとって、〈客〉は〈君〉であり、〈君〉は〈客〉である。〈君〉の幸せを寿ぐ歌といえば、「君が代」の言葉が入る歌が、演者にとって都合よかった。みっつ程、今様の例を並べてみよう。

君が代は千代も住みなん稲荷山、祈る験《しるし》のあらんかぎりは
君が代は限りもあらじ三笠山、峯に朝日のさゝむかぎりは
君が代は松吹く風の音高く、難波のことも住吉の松

社会の隅々にまで、今様好みが行き渡っていた時代である。今様の愛好者として、後白河法皇の名が知られていた。笛の名手を謳われ、声明《しょうみょう》家として知られ、民謡に取材した雅楽歌謡・催馬楽《さいばら》に優れた人物だった。源平争乱期の渦のなか、今様の歌詞集『梁塵秘抄《りょうじんひしょう》』の編纂を成し遂げている。引用した歌も、『梁塵秘抄』からの抜き出しである。「君が代は」の語を含む『梁塵秘抄』の歌は、ほかにもあった。冒頭に収められた歌からが、「君が代は」の語句を利用している。

そよ、君が代は千世に一度《ひとたび》ゐる塵の白雲かゝる山となるまで

歌の文句は、永遠の時間の流れについて、〈千年に一回落ちる塵も、積もりに積もると山になる〉との譬えを使った。別種の比喩に、〈石・巌・苔〉の変化が言い換えられていた。内容

自体は、周知の『君が代』と大差がない。『梁塵秘抄』に百年程先立つ『後拾遺集《ごしゅういしゅう》』の〈賀〉の部に収められた大江嘉言《よしとき》の和歌を借り、囃し言葉の「そよ」を加えての俗謡化だった。『梁塵秘抄』の書名には、〈塵〉の字が織り込まれている。後白河法皇は、〈塵〉を歌った歌を歌集の冒頭に置いて、書名を際立たせたかったに相違ない。編者による言葉の遊びと思われる。歌の詞章は、人口に膾炙していた。白拍子の静が舞台で舞う能の『正尊』でも、同じ文言の転用がみられる。

ヨーロッパに紹介された《君が代》

平安末以降の庶民の歌の様子は、狂言の演目のなかの劇中歌、〈狂言小歌〉に往時の姿が残されている。扇などで拍子を取り、歌を楽しんでいたようだ。ときとして、一節切《ひとよぎり》と呼ばれる尺八や、小鼓の響きに、言葉を合わせた。当時の流行歌謡の歌の文句は、室町期の『閑吟集』や、安土桃山から江戸時代初期にかけての〈隆達《りゅうたつ》節歌謡〉等でうかがい知れる。『閑吟集』の真名序《まなじょ》、漢文による序文には、「公宴に奏し下情を慰むるは、夫《そ》れ唯《ただ》小歌のみか」との文章がみられる。「奏公宴慰下情者、夫唯小歌乎」のように、漢文で小難しく記されていようと、『閑吟集』も〈隆達節歌謡〉も、下情を慰める俗なる歌だ。『閑吟集』の編者は分からない。〈隆達節歌謡〉は、当時商都として栄えた堺の住人、高三《たかさぶ》隆達によって世に広められていた。

高三隆達は堺の町衆だった。仏門から還俗《げんぞく》し、薬種業を営む実家に戻ってのち、小歌の名手としてその名が知られた。隆達の流行らせた歌は、筆写によって今に残る。〈隆達節歌謡〉には、《君が代》の歌が含まれた。新たな節付けがなされたのだろう。《君が代》を加えた〈隆達節歌謡〉歌本の場合、《君が代》は、まずもって最初に置かれた。一曲目である。芸能分野の歌集では、通常、冒頭に祝いの歌を配置する。なににも増して、祝言の歌だったと推測できる。

隆達の時代になると、各国の帆船が、世界の海を行き来しだした。紅毛人の足跡が、日本の大地に印されていた。ジョアン・ロドリゲスというポルトガル人がいる。一六世紀末から一七世紀初頭にかけて、日本との係わりに半生を過ごした。日本語や日本事情を扱う『日本大文典』という大著の著者である。『日本大文典』は、日本の詩歌に触れた個所を含む。「俚謡や踊り唄のやうなもの」との記述を添え、〈小歌（Covta）〉五曲の歌詞が掲載されていた。五曲中の一曲が、隆達節の《君が代》である。外国人の耳にも、流行の程が印象深かったに違いない。《君が代》の歌詞は、アルファベット表記により、早くからヨーロッパ大陸に紹介されていた。

Quimiga youa, chiyoni yachiyouo, sazareixi, Iuauoto narite, coqueno musumade.
〔きみがよは、ちよにやちよを、さざれいし、いわおとなりて、こけのむすまで〕

隆達節の《君が代》記述には、幾つもの変形があった。日本庶民関係の文字資料をまとめた『日本庶民文化史料集成』の〈隆達節歌謡集成〉個所から、《君が代》の書き記され方を抜き出してみよう。登場順に、三例である。

君か代は千世にやちよにさゝれ石の、岩ほと成て苔のむすまて
君か世はちよにや千代にさゝれ石の、いはほとなりて苔のむすまて
君が代は千代に八ちよにさゞれいしの岩ほとなりてこけのむすまで

日本語に用いられる音韻の数は、世界中の言語のなかでも数が少ない。音の基本単位が、五つの母音と、幾つかの子音の組み合わせに単純化されている。二重母音や子音の連鎖は、用いられない。小仮名で書く〈っ・ゃ・ゅ・ょ〉のような促音《そくおん》または拗音《ようおん》、〈ん〉のような撥音《はつおん》も、ひとつの拍の内部で処理ができる。言語音のひとつひとつが、等拍な音の流れに乗せて運べ、五や七といった音韻数を土台に定型詩が生み出せた。整理のきいた音の数のせいか、同音異義語に富んでいる。言葉遊びに便利な言語といえそうだ。

性的暗喩と《君が代》

隆達節歌謡《君が代》の筆写では、「巌となりて」の「巌と」の表記に、多くの場合、「岩ほと」が使用されていた。平仮名だけを用いると、「いはほと」または「いわほと」である。「岩尾と」との書写もあった。文字の使い方は、新たな語義解釈を生む要因のひとつになる。隆達節の《君が代》は、しばしば、性表現の暗喩に読み解かれてきた。「いわほと」の文字の並びを、性的に解釈するのは容易である。「ほと」という単語を名詞として独立させれば、女性性器の外陰部を表わす隠語になる。日本各地には、男根状の形をした〈石棒〉が数多い。「岩」は、ペニスを類推させた。「岩ほとなりて」と言葉を続け、「成る」に男女の交合を感じると、「い・わ・ほ・と・な・り・て」の音の流れが、性表現の謎とき遊びに格好な七音節に変貌する。

さゝれいしにいまもたとふる君か代は、岩ほをまたむほとそひさしき

高三隆達自筆のものとして代々高三家に伝えられた掛け軸の歌である。同時期を生きた皇族・興意《こうい》法親王《ほっしんのう》に宛てた断簡五首のなかの最初の歌で、《君が代》の歌に少々ひねりをきかせている。

古来、男女の営みは、地球上の至る所で比喩表現に利用されてきた。世界中の基層文化の多

くが、性的暗喩を使い、天地創造や大地の豊穣を物語る。男女の合一とともに、新しい命が増殖するためである。無から、有が生じてくる。日本文化のなかに、男根・女陰にまつわる事例を探せば、性器を強調した縄文の土偶に想いが至る。『古事記』の国生みの話も、性につながる。伊邪那美《いざなみ》と伊邪那岐《いざなぎ》のやりとりである。

「汝《な》が身は如何か成れる。」ととひたまへば、「吾《あ》が身は、成り成りて成り合はざる処《ところ》一処あり。」と答白《こた》へたまひき。爾《ここ》に伊邪那岐命《いざなぎのみこと》詔りたまはく、「我が身は、成り成りて成り余れる処一処あり。故《かれ》、此《こ》の吾が身の成り余れる処を以《も》ちて、汝《な》が身の成り合はざる処に刺《さ》し塞ぎて、国土《くに》を生み成さむと以為《おも》ふ。」

農村のあちらこちらに、〈田遊び〉という祭りが伝わる。今でも、三百程の地域で行われている。新春早々の神事芸能である。稲作の所作を真似し、秋の豊作を祈願する。〈田祭り〉または〈御田祭り〉ともいい、田の豊穣を願い、性表現が活躍する。

鎌倉時代に創建された横浜市鶴見神社の〈田遊び〉は、いわくつきの祭りだった。明治維新後、新橋―横浜間に鉄道が開通すると、外国人の目を意識した政府の手で廃絶の憂き目をみた。昭和の終わり近く、各種の手掛かりをもとに復元され、今日に至っている。〈亀蔵〉と〈お鶴〉

が、鶴見の祭りで道化踊りを踊る。亀蔵の下腹部をみると、亀頭に〈へのへのもへじ〉と書かれた巨大ペニスが取り付けられており、なにを明治政府が嫌ったかが、一目で分かる。東京都の赤塚諏訪神社にも、よく似た〈田遊び〉が伝えられている。〈太郎次〉と〈やすめ〉が翁面と媼《おうな》面を付け、抱き合って性行為を演じ、豊作を予祝する。能では神聖に扱われる翁の役が、民俗的な祭りでは、実りと生殖の象徴に変化していた。道化の所作は、五穀豊穣と子孫繁栄を願う〈かまけわざ〉である。漢字で書くと、〈感応呪術〉になる。伊邪那岐と伊邪那美が交わった姿の模倣にほかならない。

現代人は、性表現に個人の快楽を意識する。前近代社会の性は、子孫繁栄や五穀豊穣に直結している。生命が両性生殖を選択して以来、男女の関係は、命の歴史とともにある。平安時代後期になると、古代の通い婚は廃れ、夫婦単位の〈家〉が、社会のあらゆる層で一般化しはじめた。夫と妻の一組が、〈家〉という基本単位の中心となる。平安時代後期以降の〈家〉の繁栄には、豊かな実りと、夫婦の和合が欠かせない。〈家〉は、生産単位の中核である。子供を教育し、共同体の芸能を維持し、自治的な共同体組織を根元から支えた。ことさらに性の謎掛けを前面に押し立てて、隆達節の《君が代》なのではない。縄文の土偶が、立体表現による性快楽を意味せず、『古事記』の国生みの話が、卑猥な物語でないのと同様である。今と昔で、性に対する立ち位置は、大きく異なる。

二　語りと筆写と印刷物

紙と印刷

人間の耳は、大気を通して音を受け取る。人が口から発する言葉や歌は、空気を震わせ、直ちに中空の彼方へ溶け入ってしまう。言葉や音楽の記憶を未来に伝えようと思えば、口伝で記憶をつなげるか、記録媒体を用いなければならない。音を符号に置き換えて、文字や楽譜が作り出された。

固体状の物体には、記号が記せる。人々は、記号を身近に置くために、石や粘土、骨や金属、動物の皮や木本植物の板、古代のパピルスや布をはじめ、様々な材料を利用した。やがて、紙にたどり着く。紙の利便性は、他より抜きん出ていた。使いやすく経済性に優れ、保存性が高い。移動や保管に便利この上ない。知恵の蓄積は、文化の熟成や文明発達にとって、大切な鍵のひとつである。東アジアは、世界に先んじて紙を生み、墨・筆・硯・紙の組み合わせを用い、音を書き残す方法を発展させていた。

日本は、朝鮮半島を経由し、中国起源の紙作りや木版印刷の技術を受け取った。制作年代が確認できる世界最古の印刷物は、『百万塔陀羅尼《ひゃくまんとうだらに》』と呼ばれ、日本に残る。八世紀に紙の製造技術が西アジアへ伝わると、アラブ世界に先進文明の華が咲いた。一二世紀に至り、更に遠方のヨーロッパに知恵が達したそのとき、世界の先端を目指し、欧州世界が大きく頭をもたげはじめた。

日本に金属活字の技術が伝来したのは、安土桃山の時代である。新興のヨーロッパと朝鮮半島を介し、ほぼ同じ頃、別個の経路をたどって日本に入った。渡来した宣教師や、朝鮮から秀吉によって連れてこられた職人たちが、新しい技術の伝道師たちである。活字を用いた古活字本という書物が、日本社会に登場した。文字体系と印刷技術のあいだには、相性の良し悪しが存在する。印刷ごとに文字の組み替えを要する活字使用は、漢字文化圏の場合、経済的合理性と合致できない。日本の近世は、融通性に富む木版を好んで用いた。彫られた版木は、現代の出版著作権売買同様、売り買いの対象である。巷に流布本が流通すると、庶民の識字率も上昇していく。

愛と宴席の場面を彩る《君が代》

仮名草子本の『恨《うらみ》の介《すけ》』は、織豊《しょくほう》期《き》から徳川初期にかけての人気作だった。半世紀にわたり、版を重ねた。恋い焦がれた女性・雪の前とのたった一度の逢瀬ののち、自死を選んだ男の話である。女も、男のあとを追った。男女の仲を取り持ったふたりの女性たち、あやめ殿と紅《くれない》殿もまた、恋人たちの死に殉じ、自らの命に始末をつける。愛と死が、物語のなかで綾をなしていた。ときとして、《君が代》の歌が、話の彩りに使われている。当時の印刷本は、版を替えるたび、状況に応じて内容の変更を伴った。版の問題は、厄介である。書き手の著作権や、読み手の原典意識は、後世のものにすぎない。

一回の同衾を前にして、四人で酒宴を催す場面がある。先行する古活字本の文章は、素っ気なかった。たった二〇字程ですべてである。

御土器《かわらけ》など巡《めぐ》らされ、誠に情深くぞ見えにける。

簡潔だった酒宴の描写は、後年の流布本になって、大きく膨らむ。宴席を飾った歌の歌詞を含め、情景が纏綿《てんめん》と書き連ねられていた。

あやめ殿かりようびんがの御声にて、当世はやりける、隆達節と思《おぼ》しくて、ぎんじ給ひけるは、

君が代はちよに八千代を重ねつゝ岩ほと成りて苔のむすまで

と、恨かたじけなしとて、三どほしければ、〔略〕紅殿《くれないどの》天女のじやうがをあざむく御声にて、是もりうたつぶしを、

　色かをも思ひもいれず梅の花常ならぬよによそへてぞみる

と、唄はれければ、〔略〕雪の前殿さかなとて、

　君とわが久しき世々をたとふれば空行く月のかぎりしられず

と有りけれども、はづかはしくや坐《おわ》しけん、声かすかにしてきくにたらずおはしけれども、あつとかんじたる許《ばか》りなり。

　文中に出てくる〈かりょうびんが（迦陵頻伽）〉は、極楽浄土に住む想像上の鳥の名である。美声の譬えに使われた。隆達節とおぼしき《君が代》の見事な声に引き続き、二曲の愛の歌が歌われている。最初に吟じられた《君が代》も、当然、愛の歌であったに違いない。

　いにしえの時代から、〈君〉の語は、愛を歌う相聞の歌のなかに多出していた。愛する人や、愛し合うふたりの幸せを願い、「君が代は」と歌い出されて、不思議ではない。冒頭を「君がため」とはじめる愛の歌も、好まれていた。『万葉集』に、六首みられる。人口に膾炙した百人一首でも、うち二首が、「君がため」を利用して愛の心を歌っている。〈君〉を歌う歌は、愛の世界と相性がよかった。

『曽我物語』という話がある。語られ、演じられ、文字に書かれた。曽我兄弟による仇討の実話を下敷きにしている。兄弟の名は、十郎と五郎。兄弟の仇を、工藤祐経《すけつね》という。遊行の芸能者たちによる語り芸を通し、津々浦々にまで広められていた。能の演目にも、『小袖曽我』や『夜討曽我』などがある。肉筆挿絵入りの書写本・奈良絵本によって、本の題材に取り上げられていた。墨摺りの版木に簡単な彩色を加えた丹緑本《たんろくぼん》と呼ばれる江戸初期の絵本が、奈良絵本の伝統を引き継いでいる。江戸期の歌舞伎もまた、『助六』を筆頭として、演目に多数の曽我物を外題《げだい》に加えた。

曽我兄弟の兄・十郎の恋人に、虎という女性がいる。最初期の『曽我物語』では、平塚の由緒正しい長者の娘だった。後年、大磯の遊女に描写が転じ、十郎の死後、菩提を弔って生きた貞女として人々に愛されるようになる。陰暦の五月二八日、梅雨の季節に、十郎は死んだ。虎が流した涙に因み、人々は、この時期の雨を〈虎が雨〉と名付け、俳句の季語とした。浮世絵師・歌川広重は、東海道五十三次の大磯宿の絵に雨を降らせ、『虎ヶ雨』と題を付けた。民謡にもなった。「大磯の虎は、石となり苔むして、哀れさに泣かぬ者なしなあへ」と虎女を偲び、人々は俚謡を歌った。

『曽我物語』にも、《君が代》を巡る版の問題が存在する。漢文で書かれた古い時代の真名本には、《君が代》の出番がない。真名本に描かれた大磯宿での十郎と虎御前のふたりの逢瀬は、のちの仮名本で、酒宴に転じた。虎御前が係わる諍事《いさかい》の場面のなかで、争いを丸く収める祝い歌として、《君が代》がとっさに選ばれ、歌われていた。

武人たちの時代の《君が代》

源義経にまつわる『義経記』という物語がある。繰り返し表現の多さから、書き物になる以前、口承芸能の世界に根を生やしていたと考えられている。書物のなかで、義経の恋人・白拍子の静は、鎌倉方の面々を前に芸を披露する。静は、『新無常《しんむじょう》』という曲を選んで舞った。鼓の担当は、曽我兄弟にとっての仇・工藤祐経である。祐経は、曲調が雰囲気に相応しくないと思ったのだろう。曲を終わらせるためにテンポを速め、〈せめ〉を打った。静は、『新無常』を終わらせ、「君が代の」と歌いはじめた。集まった観客に、舞台の終了を告げるためである。

しんむしやうの曲半《なから》ばかり数へたりける所に祐経こゝろなしとや思ひけん、水干の袖を外して、せめをぞ打ちたりける。静「君が代の」と上げたりければ、人々これを聞（き）て、「情なき祐経かな、今一折舞はせよかし」とぞ申（し）ける。

「君が代の」のあと、歌がどう続けられたか、『義経記』のなかに、記述はない。「君が代の」

ではじまるよく知られた歌が、藤原顕輔《ふじわらのあきすけ》撰の『詞花《しか》和歌集』に、〈賀〉の歌として収録されていた。静の歌であっても、おかしくない。

　君が代のひさしかるべきためしにや神もうへけむ住吉《すみよし》の松

『詞花和歌集』の「君が代の」の歌は、巷に根深く浸透していた。春日大社の倭舞御巫女神楽『藤のしなひ』〔Ⓐ〕や、住吉大社の『巫女舞歌』〔Ⓑ〕などの筆写が、様子を伝える。実用の歌として、ふたつの大社で使われ続けた。囃し言葉が付け加えられており、みた目の印象は、『詞花和歌集』の表記と少々異なる。

Ⓐきミがよの。ひさしかるべき。ためしには。神もうゑけむ。すみよしのまつ。ヤレすミよしのまつヤレ

Ⓑきみがよの　ひさしかるべきためしには　かみぞうゑけんすみよしのまつやれ　すみよしのまつやれ

本州の北端、下北半島の能舞の翁にも入り込んだ。歌い出しの「君が代の」は、都から遠方

に行くと、いともたやすく、「の」が「は」に変わる。巷間に「君が代は」という歌い出しが行き渡っていて、はじめて起こる現象だろう。『大利《おおり》能舞歌台本』〔Ⓐ〕と、『熊野舞歌控』〔Ⓑ〕に、変化の例を眺めてみたい。

Ⓐ羽栄理　君ガ代ハ久スワカルベス試ニハ試ニワ　カネテゾ生《うえ》シ住吉乃松住吉乃松

Ⓑハイリ　君ガ代ハ　日《ひ》サスヤカルベキタメスミノ　ハイリ　神テ上オイス　スミヨスノ
マチ〱マチ

平安時代の後期は、有力貴族や寺社が、私的土地開発を推し進めた時代だった。日本史の時代区分で、院政期と呼ばれる。武士も台頭し、権力の分散化に歯止めがきかない。この時期に編まれた歌集の〈賀〉の歌には、〈君が代〉の文言を含む歌が数多い。『詞花和歌集』の〈賀〉の部には、一一首の歌が収められ、うち三首に〈君が代〉が用いられている。『金葉《きんよう》和歌集』の場合、二九首中の七首に〈君が代〉が入り込んだ。権力分散の時代柄、〈君〉の語の指し示す対象の幅は広い。日本国中で、「君が代」の言い回しが好まれ、〈君〉の意味合いは多義的だった。言葉が流布していると、元の形を踏まえ、工夫が凝らせる。逸脱が、いともたやすい。『太平記』という軍記物がある。鎌倉幕府滅亡から室町幕府成立までの混乱期を背景に、物語は進む。『詞花和歌集』の歌を巧みに書き換えた情景が含まれている。あなたの先は、長くないとの皮肉である。

其《その》夜何《いか》ナル嗚呼《おこ》ノ者カシタリケン。此《この》松ヲ押削《おしけずり》テ一首《いっしゅ》ノ古歌ヲ翻案《ほんあん》シテゾ書タリケル。
君ガ代ノ短《みじか》カルベキタメシニハ兼テゾ折《おれ》シ住吉《すみよし》ノ松
ト落書ニゾシタリケル。

三浦荒次郎義意《よしおき》という武将がいた。混乱の戦国期に北条早雲との戦いに敗れ、父親道寸《どうすん》ともども自決した。冥途への旅路には、自軍の武将たちも加わった。現世の別れに歌い出された《君が代》の詞章を受け取り、義意は、命なぞあっという間のうつつの幻との内容を辞世に託した。寛永版『北条五代記』から引用しておく。否定的な意味合いに、〈君が代〉を用いたもうひとつの例といえるだろう。

「〔略〕今生の名残たゞ今なり。酒を酌《くま》ん」と、道寸盃をひかへ給ひければ、河内守「君が代は千世にや千代」とうたふ。荒次郎扇を取て、
君が代は千世にや千代もよしやたゞ、現《うつつ》のうちの夢のたはぶれ

と舞給へば、彦四郎も同く立てつれてまふ。〔略〕今を最期の舞の袖、思ひやられて哀なり。

妙薬の歌として

平安時代にはじまる物語文学の世俗化は、短編の絵物語人気を生み出した。奈良絵本や丹緑本などでも広められ、『一寸法師』や『浦島太郎』の話を含む。一般に、お伽草子の名で知られている。『さゞれ石』という一編があった。仏教浄土世界のひとつ、薬師如来の東方浄瑠璃世界を厚く信仰する〈さゞれ石の宮〉という姫に、あるとき、天から薬の壺が授けられる。壺には、《君が代》の歌が記されていた。衆生ひとりひとりの安寧を願っての《君が代》だった。お薬師様の御利益に関係している。

さゞれ石の宮此壺を受け取らせ給ひ、〔略〕三度礼《らい》し、良薬をなめ給ふに、あまた味はひいふはかりなし。青き壺に白き文字有り。よみて御覧ずれば歌なり。
君が代は千代に八千代にさゞれ石のいはほとなりて苔のむすまで
とあり。これすなはち薬師如来の御詠歌なるべし。それより御名を引きかへて、いはほの宮とぞ申しける。

《君が代》の歌を記す薬壺を手に入れて、〈さざれ石の宮〉は、〈いわほ（巌）の宮〉へと名前を変えた。同じ人物が、幼児から大人になる過程で、竹千代・元信・家康、虎千代・景虎・謙信と名を転じるように、〈小石〉から〈巌〉への変化が、物語のなかで、人の成長の比喩のように用いられている。

妙薬と〈君が代〉にまつわる話は、ひとつだけにとどまらない。『菊水』という田楽能の例もある。田楽能は、能の源流のひとつだった。書写された春日若宮の田楽座が用いた田楽能の能本に、《君が代》の詞章が含まれている。適宜、言葉を抜き出して、演劇台本のような形に直してみよう。人間の不老不死願望が、物語の形をなしている。

ワキ　君が代は千代を八千代をさゞれ石。〳〵。巌となりて。
　　　苔のむす迄幾年《いくとせ》になるみ潟
　　　幾代つもりの浦過ぎて。酈県《てつけん》山に着きにけり。
太夫　千世までと。咲き添ふ菊のまさり草。いざ菊水を奉り。寿命を授け申さん。
ワキ　菊に置ける露。此の菊水に。落ち添へて不死の薬となりしより。
　　　流れを汲んで齢を延ぶ。されば誰とても。飲めば命もいく薬。
　　　霊山の妙法酈県の菊にとゞまりて。不老妙薬となるとかや。

《君が代》の歌の広がり

その昔、物語を語って、語り芸の芸人たちが、日本の各地を巡り歩いていた。男性の芸人もいれば、女性たちもいる。女性の語り芸人は、〈御前〉と呼ばれた。〈御前〉と書き、〈ごぜ〉と発音する。盲目の女性が芸能者としての組織を組むようになると、〈御前〉は、〈瞽女《ごぜ》〉へと字面を変えた。〈鼓〉と〈目〉を合わせて、〈瞽〉の字になる。中国では古くから、盲目の芸能者に〈瞽〉の字を使った。彼女たちは、盲人向け宿泊施設をいち早く設置した賀茂神社に心の拠り所を置き、嵯峨天皇の第四姫君を自分たちの開祖とし、芸能集団としての結束を図った。農家一軒一軒を巡る門付けの集団である。家の門先で、一家繁栄・五穀豊穣を言祝ぎ、世の安寧や夫婦和合を念じていた。瞽女の伝統は、昭和の終わりに至るまで長く続く。幕末に世に出た伴信友の『古詠考』という書物が、瞽女の《君が代》について記している。

若狭の風俗に、春の始また節供などいふ日に、盲女のものもらひにありくが、門に立て、「君か代は千世に八千世にさゝれ石の岩ほとなりて苔のむすまて、」の歌をうたふが、大かた彼《かの》御詠歌のふしと異《こと》ならねど、をりからのほぎ歌なれば、うたふ声も、きくこゝろも、あはれににぎはゝし、

〈ほぎ歌（寿歌）〉としての《君が代》の記録は、瞽女や白拍子や巫女など、女性芸能者たちの傍らに数多く残されている。書かれた物語のなかでも、女性たちが、「君が代」の語を含む歌をしばしば歌った。日光山輪王寺にも、常行堂の延年行事で舞われた白拍子舞に関する文書が残る。安土桃山期のものである。現行の国歌と同一の《君が代》の詞章が、寺社の白拍子舞のなかで、女性の舞を伴い歌われていた。

君か代ハ　千代にや千代に　さゝれ石の岩をと成て　苔のむすまて〈

現行の国歌につながる《君が代》の詞章は、あまたある《君が代》の歌のなかで、『詞花和歌集』収録の和歌と並び、人々に愛され親しまれてきた。よく知られた言葉や歌は、印刷物や、筆写や、口伝えで、人口に膾炙していく。人間の言語能力は、元の形を変形させ、意味を変換させ、上位階層の考えを草の根に浸透させ、下位階層の想いを上層文化に吸い上げ、ひとつのものをただひとつの形に固定させせない。用いられ方にも、変化を伴う。「き・み・が・よ」の四音を含む歌は、いつの間にか、延命長寿の歌となり、子孫繁栄の歌となり、宴の終わりの歌となり、祝いの席の歌となり、恋心を歌う歌となっていた。衆生ひとりひとりの幸せを願う歌としても歌われた。

鹿児島県の入来大宮神社には、一八世紀初頭正徳年間に筆写された『文集歌』という文書が残る。「君が代」の語を含む歌が、神楽歌のなかに、幾つもみられた。ふたつだけ〔Ⓐ Ⓑ〕、例を掲げておこう。地域文書の《君が代》は、歌の広がりを示す格好の材料にほかならない。

Ⓐきミかよハちよともさらし（去らじ）あま（天）のと（戸）や　いつ（出ず）る月日のかきり（限り）なけれは

Ⓑきみか代のちよのかす（数）をは（ば）しろたへ（白妙）の　はま（浜）のまさこ（真砂）と誰かしきけん

浄瑠璃の誕生

物語中の架空の女性に、浄瑠璃姫という名の姫がいた。お伽草子の主役である。子供に恵まれない夫婦が、薬師如来に願をかけて授かった。薬師如来は、東方浄土浄瑠璃世界の仏である。娘の名の浄瑠璃姫は、薬師如来に由来していた。平泉の藤原秀衡を頼って旅を急ぐ義経に出会い、恋に落ち、一夜の契りに結ばれる。先を急ぐ義経のあとを追い掛けたものの叶わず、その身を川の流れに投じて命を終えた。彼女もまた、物語の登場人物として、『根の介』の雪の前と同じく、愛と死の世界を一途に生きる。

浄瑠璃姫の話は、一世を風靡した。海を渡って三味線が導入されると、三味線の響きを伴い、至る所で語られた。海の向こうの蛇皮の楽器は、猫の皮の洗練された撥弦楽器となり、撥《ばち》で弾かれ、日本の近世音楽に彩りを添える。三味線の音楽は、〈姫〉が取れた〈浄瑠璃〉という言葉に重なり合った。浄瑠璃分野の音曲に付き添われ、三人遣いで人形を扱う世界に類例のない音楽劇、文楽が生まれ出てくる。三味線の響きは、華美を喜ぶ風流《ふりゅう》好みを膨らませた歌舞伎の舞台にも欠かせない。清元や長唄のような語り物や歌い物、民謡や祭りの賑わいに至るまで、三味の音が、近世日本の音楽文化に新しい変化を付け加えていた。

人々が声に託した言葉や歌は、文字や楽譜に書き記されて、情報伝達の網目に引っ掛かり、後世の目に届く。紙が世の中に普及するにつれ、社会のなかに貯蔵されていた記憶は、徐々に記号の形に変換されて、歴史の表層に浮かび上がってくる。書き残せた事実は、歴史のほんの一部にすぎないだろう。それでもなお、多様な《君が代》の用いられ方が、おぼろげながらみえはじめ、のちの世に生きる人たちを幻惑させ、当惑させたりする。江戸期に入っての《君が代》は、一段と厚みを増す資料の量に比例して、多彩さの度合いを広げている。世界は深い。計り知ることが可能なその背後で、なにがどのように存在していたのか、正確なところが、計り知れない。日本社会と《君が代》を巡る相互の関係は、底がみえない。

三　吉祥好みとその広がり

江戸時代と三味線音楽

現在の沖縄県は、かつての琉球国である。いっとき、東南アジアと東アジアを結ぶ中継交易で繁栄していた。一七世紀初頭に薩摩藩の支配下に置かれたのちも、中国への朝貢関係を維持し、明治時代に至るまで、名目上、王国としての独立性を保ち続けた。

江戸期を代表する日本の楽器・三味線は、琉球王国からやってきた。一五六〇年代のことと推測されている。堺に持ち込まれた琉球の三線《さんしん》は、日本本土の気候に合わせて楽器の変更が施され、小振りで竿の細い京都の柳川三味線を生み出した。そののち、幾種類もの三味線が工夫されていく。

琉球王国の古典曲に、『柳節』という歌曲がある。古い歌詞には、〈我が君〉に栄えあれとの内容が含まれていた。部分を引用してみたい。

月の盛りは　十五夜が盛り、我が君様は　何時も栄え

〔つぃちぬさかりわ　じゅうぐやがさかい　わがちみさまわ　いつぃんさけえ〕

楽器は、ただの物体ではない。楽器が伝播したときには、楽器に加え、鳴らされていた音楽も一緒に伝わる。柳川三味線を用いた日本最初期の曲に、『琉球組』という作品がある。題名を通し、琉球との濃密な関係がうかがえる。小歌を組み合わせた〈組歌〉の形で編まれ、冒頭の第一歌の歌詞が、琉球の『柳節』とそっくりだった。「千代」という言葉も入り込んでくる。

〽千代も幾千代も、天に照るッ月は、十五夜が盛り、あの君様は、イヨ、いつも盛りよノ。

琉球の三線を日本に持ち込んだのは、盲目の琵琶法師たちである。法師の名が示すように、宗教機関に所属している。『平家物語』などの合戦譚を語り、武家社会からの庇護を得ると、宗教からの自立を手に入れた。〈当道座〉という自治的な職能集団を作り、近世の日本音楽発展に、重要な役割を果たしていく。当道組織の盲人音楽家たちが、三線を三味線に変え、雅楽の楽箏を俗箏（琴）に発展させた。近世の琴は、雅楽の楽器の面影を引きずっている。品格を保ち、座敷の外に飛び出そうとしない。三味線は持ち運びに適し、大道芸人に好まれた。芝居小屋のなかへ飛び込んだ。花街に、賑やかな響きを振りまいた。芝居小屋といい花街といい、立派に当時の悪所である。流行を発信する場所でもあった。

『吉原はやり小歌総まくり』という江戸時代の歌本がある。江戸吉原遊郭の流行歌集である。一七世紀から一九世紀に至るまで、版木を替えて長く出版され続けた。〈君様〉の語を用いた歌が、収録されている。〈君様〉という言葉の響きは、花街の好みと波長が合った〔Ⓐ〕。藤原顕輔撰の『詞花和歌集』に賀の歌として載せられていた和歌も、ほんの僅かに姿を変えられ、遊郭・吉原周辺で歌われていた〔Ⓑ〕。

Ⓐあの君さまに久しうて見れど、白玉椿色も変らぬよ。
Ⓑ君が世の、久よかるべきためよにも、かねてぞ植ゑよ住よごの松。

三味線音楽は、数多くの流派に分岐した。日本の伝統音楽における声の比重は、極めて大きい。古典邦楽と接すれば、社会が培ってきた言葉の堆積に自然と触れる。〈語り物〉として浄瑠璃分野に括られるものだけでも、義太夫節・一中節・河東節・大薩摩節・豊後《ぶんご》節・宮薗節・新内節・常磐津節・富本節・清元節など多岐にわたる。歌の要素が勝った〈歌い物〉には、地歌・長唄・荻江《おぎえ》節・哥沢《うたざわ》・小唄・端唄などがある。流派の多さは、音楽表現の微妙な違いに対応している。人々の音楽的欲望が、多様な変化を渇望した。座敷内での音楽的楽しみや、色街の音の賑わいや、大道芸や農村の民謡が、三味線の音色を必要としていた。

叙事的な〈語り物〉は、物語性を表に立てる。歌が歌い出される情景を通して、その歌に相応しい場面設定を理解しやすい。叙情に傾く〈唄い物〉では、歌の情緒に同調して紡ぎ出される言葉の群れから、互いに相性の良い単語仲間を見分けやすい。悲嘆の歌は、悲しさのなかで歌われ、嘆きの言葉を多用する。目出度い歌にも、似合いの場面や、目出度さに相応しい一群の言い回しが存在する。区分けからくる特性といえるだろう。

歌本文化にみる《君が代》

近世邦楽中の人気曲の幾つかは、《君が代》関連の詞章を含んだ。第一章に例として、『君が代松竹梅』『老松』『千鳥の曲』『難波獅子』の四曲を紹介しておいた。曲名には、〈松〉〈竹〉〈梅〉〈千鳥〉〈獅子〉といった単語が入り込んでいる。瑞祥とつながる植物や動物たちである。目出度さにつながる言葉は、鶴・亀・鯉・鳳凰《ほうおう》、菊・桃・南天など、まだまだほかにも存在する。仙境〈蓬莱《ほうらい》〉を忘れてはいけない。《君が代》の周りで息づく歌の文句は、松や梅の語で飾られ、菊や千鳥を引き寄せ、鶴や亀を遊ばせ、仙人の住む蓬莱山を憧憬する。なにかを目出度がり、祝っていてのことだった。

伊勢屋吉十郎という吉原の遊里に拠点を置いた版元がいる。一八世紀中頃の宝暦年間に、何冊かの歌本を刊行した。〈めりやす〉と称する短編物の歌を集めた一冊がある。〈めりやす〉に〈女里弥寿〉と漢字を当て、『女《め》里《り》弥《や》寿《す》豊年蔵《ほうねんぐら》』と書名を付けた。庶民を巻き込み、言葉遊びが流行している。御目出度物の〈式三番〉と〈三番叟《さんばそう》〉の言葉をくっつけ、漢字を替えると、〈四季三番三《しきさんばそう》〉になる。本の最初に、『四季三番三』『今様四季三番三』と題した二曲が印刷されていた。先立つ時代に引き継いで、目出度い曲を冒頭に持ってくる習慣が、江戸社会になっても健在だった。〈三番叟〉は、元々〈翁〉芸能と一体である。厳粛な〈翁〉に比べ、庶民の世界と強く結びつき、道化の色が濃い。『今様四季三番三』の詞章をみると、曲頭早々に、〈君が代〉や〈千代〉が登場する。〈松〉も〈鶴〉も顔を出す。歌詞には、江戸中期を生きた庶民の言葉感覚が反映されていた。

〽君が代は。千代を重ねし岸の松　合梢々に巣籠りて　合鶴の羽を伸すそよや　合どんとヽ。
鳴るは滝の水。冷々さらさら。鮮《あざやか》に。浮《うか》んだりや〽天《あめ》が下恋と情《なさけ》は裏表。

日本橋の吉文字屋治郎兵衛が版元となり、明和三年（一七六六年）に出版された歌本に、『新編江戸長唄集』という一冊がある。『女舞紅葉賀《おんなまいもみじのが》』という曲を収録している。曲名に、〈賀〉の一文字が見受けられた。目出度さを言祝ぐ〈賀歌《がのうた》〉の伝統を踏まえてのことだろう。

〽恥しながら立上り。衣紋繕《つくろ》ひ大様《おおよう》に 合振る振袖の愛《いと》しらし 合君が代の久しかるべき例《ためし》には。合治まる御代の遊楽や。

『新編江戸長唄集』には『鶴亀』という曲が含まれている。曲名に惹かれてその一部を抜き出してみたい。

〽千代の例《ためし》の数々に、何を引かまし姫小松合 齢《よわい》にたぐふ丹頂の、鶴も羽袖をたをやかに、千代を重ねて舞ひ遊ぶ合みぎりに茂る呉竹の、緑の亀の幾万代《よろずよ》も池水に、住めるも安き君が代を、仰ぎ奏でて鶴と亀

不老不死の薬にまつわる田楽の『菊水』や、田楽能の伝統を引き継いだ能の『菊慈童《きくじどう》』なども、短編物の〈めりやす〉に利用されていた。『女里弥寿豊年蔵』の続編として伊勢屋吉十郎が出した『哥撰《かせん》集』という歌詞集がある。〈歌仙〉をもじって、〈哥撰〉である。冒頭の第一曲に、『幾久慈童《きくじどう》』という曲が載せられていた。御目出度物に違いない。能の〈菊慈童〉の字面に機転をきかすと、〈幾久慈童〉になる。〈幾久しく慈しんで〉の意味合いを強調しての文字合

わせである。

〽千代迄と咲添ふ花の優《まさ》り草、久しき君の例《ためし》かな、薬と菊の村の雲色深しみ渓水《たにみず》

東アジアの長寿志向

吉祥とつながる菊の花は、中国を原産地とする。薬用に用い続けた習慣が、菊酒を飲んで長寿を願う重陽《ちょうよう》の節句を生み、菊水や菊酒にまつわる物語を育んだ。菊は、〈隠君子〉である。秋風に花を落とさぬ強さから、花のなかの君子として尊ばれた。中国六朝時代の詩人・陶淵明《とうえんめい》は、菊を好み、自分自身を菊と重ねて隠遁生活を送った。中国では、菊の別名を、延年草または延寿草という。菊とカササギを合わせて〈挙家歓楽〉、菊と松を組み合わせて〈益寿延年〉と呼ぶ。日本への伝来時期は、天平時代と推定されている。絵画の画題として好まれ、姿を写し取るばかりか、吉祥につながる多弁の菊の花を図案化し、様々な菊花紋を作る工夫がなされた。

〈歳寒三友〉という四文字からなる成語がある。三友は、〈松〉〈竹〉〈梅〉を指している。松と竹は、寒中でも色が失せない。梅は、寒い冬に花を咲かす。清廉潔白の象徴が、人生の理想と共鳴し合い、日本で、目出度さと同一視されていく。〈松竹梅〉を日本舞踊が扱うときは、

松で位を、竹で若さを、梅で色気を表現する。

鶴は、瑞鳥である。仙人が鶴の背に乗って瑞雲中を飛翔したとされ、古代から、長寿の象徴としてもてはやされた。慶祝事に欠かせない。亀も長寿と目され、五千年生きると〈神亀〉となり、一万年を生きると〈霊亀〉となった。鶴と亀とを組み合わせた〈亀齢鶴算〉〈亀鶴斉齢〉などの言い回しで、中国では長寿を祝った。

東アジアの人々は、目出度さを愛で、松や菊や鶴や亀を好んだ。延命長寿を願い、吉祥文様を身近に置き、歌の詞章に組み入れた。鶴は目出度い。一度つがうと、同じ伴侶と生涯をともにする。松も目出度い。雄の松には、雌の姫小松が対を作る。人々は、松が雌雄別株である事実に注意を払った。歌に歌われる〈住吉の松〉には、〈高砂の松〉という連れ合いがいる。『古今和歌集』の仮名序に、「たかさご、すみのえのまつも、あひをひのやうにおぼえ」という一文があり、この言い伝えが、能の『高砂』を生み出した。〈あひをひ〉は〈相生〉と書き、〈相老〉に通じる。共白髪《ともじらが》まで仲良くとの『高砂』の謡は、夫婦和合・偕老長寿を言祝ぎ、いつからか、結婚式で歌う祝言歌の定番となった。翁と媼《おうな》の高砂人形は、結納品のひとつとなり、また図柄として愛された。

長寿を願う心性は、東アジアに遍在している。人生をきっちりと生き抜いた長老は、共同体の宝である。人は皆、年齢の階段を上まで登って、長寿に至る。年齢に応じた社会的役割の重要性は、伝統社会でそれなりに大きい。年齢階段にもとづく通過儀礼の香りが、今なお、七五三や成人式の祝いのなかに残されている。台湾の山岳地帯は、先住民族の生息域である。かつて高砂族と呼ばれた彼らの社会は、現在に至るまで、厳重な年齢階段を保持した。年長者が、尊敬の対象となっている。中国でいう高山族、その一部族アミ族社会には、特別な歌がある。大切なあまり、老人たちしか歌えない。現地の音を録音した民族音楽学者・姫野翠氏は、アミ族社会の別格な歌について、解説文で次のように記した。

　これはアミ族の国歌のようなもので、この歌が流れたら、みんな被り物を取らなければならない。もし間違えて歌ったら、みんなでその人に罰として酒を飲ませる。聞いている者はみんな姿勢を正して真剣に聞く。

アミ族にとっての最重要な歌は、長寿に係わる。《君が代》を巡る歌文化も、祝い歌の筆頭に置かれて大切にされ、延命長寿を言祝いでいた。特別だから、歌える人を選別する地域があり、大切だから、庶民にまで歌を浸透させた社会もある。社会の規模や、経済の発展状況などが、アミ族の歌と、江戸期の〈君が代〉の違いに反映されているのだろう。歌の根元で、アジアに通底する同じ養分の土壌が大きく広がる。

舟人たちの祝い歌

〈歌水主《うたかこ》〉と呼ばれた人たちがいた。幕府や諸藩のお船手によって抱えられた歌唱の専門家である。将軍や大名たちが乗る新造船の船下ろし、正月早々の乗り初め、船を用いた参勤交代時に、〈御船歌《おふなうた》〉または〈御座船歌《ござふねうた》〉を歌い、庶民たちの耳目を集めていた。鳶《とび》職の人たちが歌う〈木遣《きやり》〉に似た〈歌水主〉の声は、船山車《だし》を曳いた祭りの際にも響き渡った。〈御船歌〉は、祝いの歌である。目出度さに釣られて、〈君が代〉周辺の言葉が、歌の文句に紛れ込む。曲名に注意しながら、歌の詩文を掲げておきたい。浅野藩と尾張藩の〈御船歌〉を引用する。それぞれ、『しまだい』〔Ⓐ〕、『松くどき』〔Ⓑ〕、『君が代は』〔Ⓒ〕、『乗初《のりぞ》めくどき』〔Ⓓ〕と題されていた。

Ⓐやれ君が代は・　ゑい千鶴万亀蓬萊と・　ゑい　〔略〕　サン君が代は　附ヶ千代にや・千
代に・さゞれ石の・　ゑい巌となりてこけむして・　ゑい空とぶ・鳥も羽《は》をやすめ
〔略〕

Ⓑなんぼめでたや万代《よろずよ》迄も、君が代の久しかるべきためしには、ェィかねてぞ植ゑし住吉
の、松の名木尋ぬるに、猶も其の名は高砂の　〔略〕

Ⓒクリ上君が代は・千代にや千代を・さゞれ石ゑい・巌となり・てゑい・苔のむすまでも
御代は　上めでたのゝゑいそりゃ若　附ヶ枝もゑいゑいさかゆ（る）・のう　ゑいゑいは
もし（げる）

Ⓓさらば御船を艕り立て、ヱイ恵方の方に打ち向ひ、ろ拍子揃へて漕ぎ出だす、ヱイヤヨ
ヱイヤコノ、〽君が代は御代にや御代をさゞれ石、ヱイ久しかるべき御威勢は、猶も月
日にかさなりて、ヱイ天長地久面白や、四海波静かにて、国も治まる時津風、枝をなら
さぬ御代なれや、コノ〽新玉の年の始の嶋台に、鶴は千年亀は万年　〔略〕

曲名として使われ、また『乗初めくどき』の歌詞中にも出現する〈嶋台（島台）〉は、結納や婚儀・祝宴用の飾り台である。蓬萊の島をかたどっている。松竹梅や鶴亀を配し、目出度さを表現した。吉祥物に富む嶋台装飾と江戸期の〈君が代〉は、お互い同士ウマが合う。幕府の歌の例も引いておく。『御船歌稽古本』の『おろしぶし』〔Ⓐ〕と、『幕府ふな哥㈠』の『端唄』〔Ⓑ〕二曲である。

Ⓐ〽君がよは　千代にやちよをさゞれ石　岩をとなりてこけのむすまでも御祝儀
Ⓑ〽君か代は　千代に八千代をさゝれ石の　巌となりて苔のむすまても　御代は目出たの

いゑいそりや若

江戸庶民文化と《君が代》

〈君が代〉周辺の文言は、江戸の御時世、人々の生活の身近なところで、様々な機会に、目出度さを飾り立てていた。例えば、書き初めを詠んだ俳句がある。目出度い言葉だから、人々は正月に、《君が代》の言葉を墨で記した。

君が代や猶《なお》も永字《えいじ》の筆はじめ

中川乙由《おつゆう》の句集、『麦林集』に収められている。書道技法の八法が、〈永〉の字を書く筆遣いに凝集し、〈代〉や〈八千代〉は、〈永〉に通じた。

『俳諧七部集』からの抜き書きを、次に掲げる。俳諧連句である。芭蕉の門人、越智越人《えつじん》と杉田旦藁《たんこう》によって詠まれた。人々は、新春を祝して若水を汲み、餅を食べながら《君が代》を唱えた。

我が春の若水汲みに昼起きて　〔越人〕

餅を食ひつゝ祝ふ君が代　〔旦藁〕

地方化した狂言からの例を引く。岐阜県の能郷狂言の出し物『加賀越前』では、正月祝いの盃事が歌となり、舞台の締めを飾っていた。

歌　〽君が代の久しかるべし、ためしには、かねて祝うべし住吉の松かな、〔略〕千代かけて栄えさこゆる、御代こそ目出たけれ

思いがけない分野にも、〈君が代〉の言葉は潜んでいる。職人たちの日々の生業《なりわい》を描く〈職人尽《づくし》絵〉である。浮世絵師・橘岷江《みんこう》の『彩画《いろえ》職人部類』は、『硝子（ビイドロ）』と題した挿絵を含んだ。外国生まれの産品を手にできる喜びが、ガラスを扱う職人絵の傍らに、文章として添えられていた。

まことに四海おさまれる君か代の徳化溢れ　かゝる外国に産するものまても残りなく鳩集すハ　有かたき聖代ならすや

節談《ふしだん》説教は、仏教教化を目的とした話芸である。善男善女にとっての娯楽だった。幕末に越後で書き写された実演用口演台本の一部を記す。大地の底まで差し込まれ、地震を抑え込む〈鹿嶋の要石〉のことが、物語られている。『祖師聖人御一代記』、別名『親鸞聖人御一代記』からの一節である。

見レハ石ノ柱ノクサル迄此代ニ在スト有
君が代や千代ハ千代までさし石の岩となりてそ苔のむすまで
ト有レハ石ノ柱ノクサル、迄此国ニ居テ此国ノ人ヲ守護セトノ有ル尊トヘ神ノ御誓ナリ

舌耕遊芸人の口上を集めた資料からの抜き出しを次に掲げる。人形操りの客寄せにも、〈君が代〉が用いられていた。

とふざい〳〵、先以《まずもつて》天下泰平五穀成就、くふしふ（恋しい）殿の楼閣は、廻《めぐ》り〳〵て日月の、月も冴《さや》けき君が代や、嘉辰令月楽《たのし》ミ万世悦び未だ尽ず

越前万歳の『福井町づくし』〔Ⓐ〕と『北国下道中』〔Ⓑ〕の一部を引用しておく。北陸地方

を賑わした祝福芸の台詞回しである。祝い物のあいだに挟まれ演じられた話万歳が、後年の漫才の母体である。万歳は、太夫と才蔵の一組を基本に庶民の門先を巡り、新年の祝いを言祝いだ。目出度い言葉の濃縮度合いは、〈御目出とう御座います〉の精神を横溢させた祝福芸で、とりわけ目立った。

　Ⓐとくはかにご万ざいとうや。ありがたかりけるきみがよは。さかゑましますしるしにや。しよこくくにぐにごじようかも。するはんじようとひろまりて。

　Ⓑとくはかに御まんざいとや。ありがたかりけるきみが世の。きみがこころはいろをます。そのいろをます花のころ。ほくろく道のはんじやうや。

アジアに通底する《君が代》の価値観

　江戸期は、庶民文化が大きく頭をもたげた時代である。〈君が代〉という言い回しは、長く続いた泰平の世に、目出度さを表わす枕詞のような役割を担っている。様々な機会に、日本全国で、〈君が代〉の言葉が聞こえていた。〈君が代〉とともに〈御目出とう御座います〉の空気が漂い、人々はごく自然に、世の安寧を願い、長寿を望み、五穀豊穣を念じ、家の繁栄や夫婦の和合を天に祈った。

長寿を寿ぐ文化とともにある歌。目出度さを身近に置きたがる地域の歌。平和や安寧を願う歌。相生の精神を歌う歌。衆生の幸せを祈る歌。共生の心根に通じる歌。〈君が代〉の言葉は、大道の芸人たちによって使われ、悪所周辺で用いられ、農民たちに利用されていた。吉祥好みを生きた人々の想いが、《君が代》の歌の内部に充満している。三味の響きに付き添われ、鼓の音に伴われ、おまじないのように唱えられていた。

東アジアを俯瞰すれば、地域一帯が、同じ嗜好で包み込まれる。お互い同士、文化的価値を共有し合い、歌を挟んで敵対し合う仲ではない。歌詞の意味内容を、強烈な意志で別種の方向に極端化しない限り、《君が代》の歌は、アジア広域の価値と、深く、広く、連動している。歴史を通して日本人の体のなかに染み込んできた歌への想いは、明治の時代に入ってなお、しぶとく生き続けていったに違いない。人間の営為を積み重ねて、文化がある。時代の変化によって、音楽的な嗜好は変わっても、トランプのカードゲームと異なり、そう簡単に全取っ換えがきかない。

第四章 維新のまえ・あと

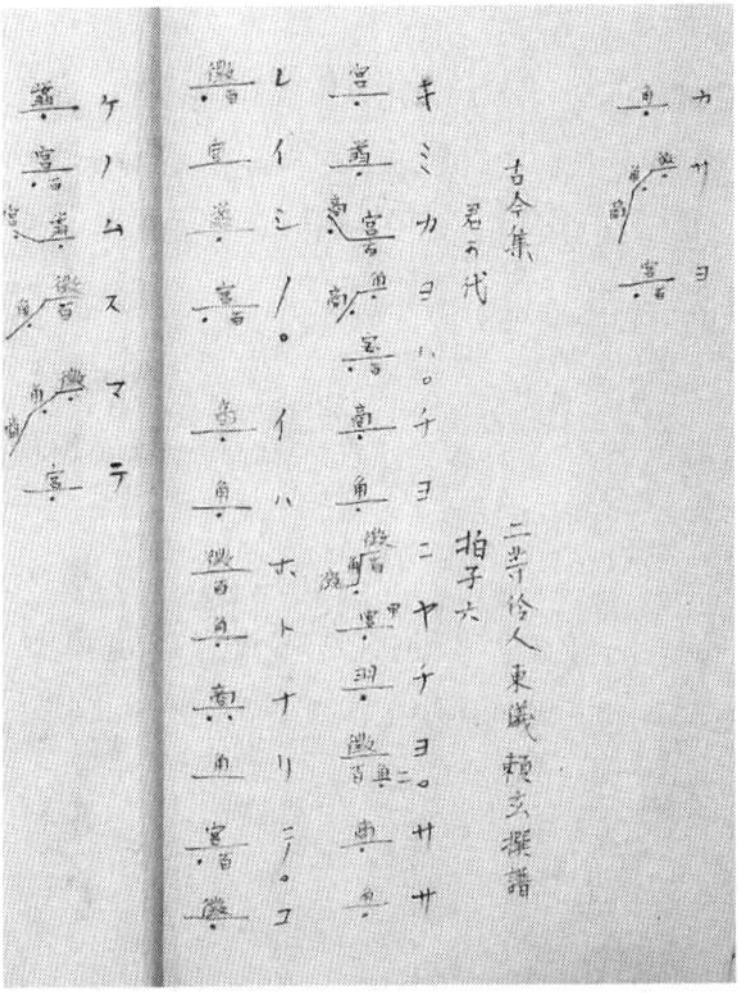

清水たづ『保育唱歌』より（141頁参照、お茶の水女子大学所蔵）

一　雅の役割

ユーラシアを旅した楽器たち

日本の音楽文化は、長い時間をかけて育まれてきた。東アジアに共通する音楽的根っ子に支えられながら、日本の伝統音楽は、朝鮮半島や中国の音楽と、異なる個性を手にしている。歴史の賜物といってよい。専門家ならずとも、互いの音楽を弁別するのに、さしたる困難を感じない。同じ事情は、料理や衣服にも当てはまる。東アジアのみっつの地域は、それぞれが、互いに尊重すべき独自性を確保している。

日本の伝統音楽には、個性がある。外界からの影響を遮断した結果ではなかった。用いられている楽器をみると、外国生まれのものばかりである。楽器の大半は、中国や朝鮮半島を経由して、日本にまでやってきた。

日本同様、ヨーロッパ地域もまた、他地域で誕生した楽器を用い、独自の音楽文化を発達させた。西洋のオーケストラ楽器をみると、ヴァイオリン族の擦弦楽器にしろ、木管や金管にしろ、打楽器でさえ、原型に当たる楽器のほとんどが、遥か東方で産声を上げている。よそで誕生した楽器を磨き上げ、独特な音楽文化を築き上げた点において、日本とヨーロッパは、よく似ている。

日本の楽器は、そのほとんどが、ユーラシア各地をはるばる旅した。三味線や胡弓の故郷《ふるさと》は、西域である。雅楽の楽器の数々も、海を越えてやってきた。雅楽の楽琵琶は、西アジアに起源を持つ。東で琵琶となった西域の楽器は、西洋に渡ってリュートとなり、ギターを生んだ。薄く削った二枚の舌を発音体に用いるダブルリードは、西域から更に西に向かうと、オーケストラ楽器のオーボエに姿を変えた。東に移動して、雅楽の篳篥《ひちりき》に変貌した。管の先に二枚のリードを植え込んで、ダブルリードである。不可避的に、楽器の形が縦長となった。息を直接楽器に吹き込む笛の場合は、縦でも横でも、音を鳴らす上での支障がない。原始的な笛は、縦で吹かれた。扱いやすさを反映してのことだろう。最初に横に構えて吹き出した地域として、インド文化圏の可能性が取りざたされている。ヨーロッパのフルートにしろ、雅楽の竜笛や高麗笛にしろ、原生地インドの影響を受けて音を奏でる。様々な文化情報が、旧大陸のあちらこちらを行き来していた。

庶民に及んだ〈雅〉への憧れ

〈雅楽〉という言葉は、漢字二文字を分解すると、〈雅〉な〈楽〉と読める。〈雅楽〉という音楽分野に、日本人は常々、典雅さや優雅さを感じていた。〈雅〉の対極には、〈俗〉または〈鄙《ひな》〉がある。〈雅〉と〈俗〉の対比は、〈典雅〉と〈卑俗〉に対応する。〈上品〉〈下品〉でも構わない。〈雅〉に対して〈鄙〉と置けば、〈都会風〉〈田舎風〉のように言い換えられる。

人間が文化的生物である限り、価値の上下は、そう簡単に平準化できない。大切で特別な音楽と、普段使いの音楽を区別したがるのは、人類とともに普遍らしい。〈雅楽〉と〈俗楽〉の二分法は、言語ごとに単語を転じ、世界各地で使用されている。漢字文化圏では、〈正楽〉〈俗楽〉の別も用いた。〈宗教音楽〉と〈世俗音楽〉という分け方もある。宗教領域であれ、世俗世界であれ、〈雅〉の活用には、人の心を強く揺さぶる力がある。あでやかさは、人々を惹きつける。世界の至る所が、〈宗教的荘厳〉や〈御殿の華麗〉を音楽文化の華に利用し、社会を飾った。〈雅〉な音楽は、巷に生きる人々にとっても、大いなる憧れである。

雅楽の〈雅〉に対する庶民の憧憬は、江戸期の俗なる楽、長唄の短編物〈めりやす〉を集めた歌本の詞章によっても、裏付けられる。一七六六年に出版された『新編江戸長唄集』という本がある。先立つページで、収録作の『女舞紅葉賀《おんなまいもみじのが》』と『鶴亀』の二作を、引用に用いた。もう一回、同じ曲の言葉を眺めてみたい。『女舞紅葉賀』〔Ⓐ〕の場合は、前回利用した個所の一部に続きを加える。『鶴亀』〔Ⓑ〕の抜き出しは、前回より少々手前の部分に当たっている。

Ⓐ合君が代の久しかるべき例《ためし》には。合治まる御代の遊楽や。中に羯鼓《かっこ》の拍子を揃へて　合打つや打つ〳〵打つ音もさすが面白や。
Ⓑ合池の汀《みぎわ》の鶴亀は、蓬萊山も他所ならず君の恵ぞ　合難有き〔略〕ワキ〽毎年の嘉例の如く、鶴亀を舞はせられ、その後月宮殿にて舞楽を奏せられうずるにて候

詞章のなかに、〈羯鼓〉や〈舞楽〉という言葉がみられる。雅楽由来の単語である。〈羯鼓〉は、鼓の仲間に属する。左右両面の馬皮を、二本の桴《ばち》で叩いて鳴らす。経験豊かな奏者に扱われ、雅楽合奏を主導する役目を担った。〈舞楽〉を特徴付けているのは、華やかな舞の存在である。一層の華麗さで、昔から人々の耳目を喜ばせてきた。

江戸時代の〈雅〉好みは、庶民に及んだ古典好みからも察しがつく。人々の身近なところに、教養としての『古今和歌集』があった。『君が代』の初出となった日本の古典は、敬して遠ざけられる存在ではない。仮名書きで記された仮名序の文章が、度々、一般向けの冊子に転用されている。

江戸から明治にかけて、〈俄《にわか》〉と呼ばれる庶民的な喜劇芸能が人気を集めた。幕末の安政年間には、〈俄〉の来歴や佳作を記した『古今俄《こきんにわか》選』が出版されている。編者のしゃれっ気か、『古今集』のもじりで序文が飾られ、《古今二和歌《こきんにわか》集序》と漢字がはめられた。先立つ個所で引

用した遊郭吉原の流行長唄歌集『女里弥寿豊年蔵《めりやすほうねんぐら》』の序文でも、『古今集』の仮名序が使われている。『古今和歌集』の仮名序〔Ⓐ〕、《古今二和歌集序》〔Ⓑ〕、『女里弥寿豊年蔵』序文〔Ⓒ〕の順に、原典と庶民文化を並べてみよう。〈雅〉と〈俗〉の関係は、遠いようでいて、案外近い。

Ⓐやまとうたは、ひとのこゝろをたねとして、よろづのことの葉とぞなれりける。世中にある人、〔略〕なぐさむるは哥なり。

Ⓑやまと俄ハ、人のこゝろをたねとして、よろづのことのはねとぞなれりける。世中《よのなか》にはやることの、わざくれしげき中にも、心にうかぶしゆこうハ、見るもの、きく物につけて、おもひ出《いだ》さるなり。

Ⓒ大和歌《やまとうた》は人の心を種として、万《よろず》の言葉《ことのは》とはなれりけり。其余風《そのよふう》に縋《すが》り当世《とうせい》の長唄めりやすの訛唄《やさうた》、〔略〕水に住《すめ》る蛙《かわず》の口さみせんも、自《おのづか》ら君が代の万歳《ばんぜい》を寿《ことぶ》き、艶《えん》なる哉〔略〕

〈音楽〉という言葉の多義性

雅楽の〈舞楽〉は、舞を伴う。一方で、雅楽には、器楽だけの合奏曲も存在する。器楽の合奏音楽は、〈管絃《かんげん》〉と呼ばれ、〈舞楽〉と区別されていた。舞の有無が、〈管絃〉と〈舞楽〉の違いに係わる。両者の違いは、ただその一点にとどまらない。楽器編成に微妙な落差が存在していた。〈管絃〉では、雅楽の打楽器群の響きに加え、管楽器と弦楽器の音が聞こえる。雅楽用語の〈管絃〉に対応するのは、管・弦・打の合奏である。〈舞楽〉では、弦の音色が聞こえない。〈舞楽〉は、管楽器と打楽器で編成されていた。楽琵琶や楽箏の響きが、〈舞楽〉になく、弦を欠いて〈舞楽〉である。弦楽器を含むと、〈管絃〉になる。この微妙な響きの落差を、江戸時代の人たちは、それなりにわきまえていたらしい。

江戸庶民の娯楽の華は、歌舞伎だった。舞台の下手に、客席の視線を簾《すだれ》で遮り、黒御簾《くろみす》と呼ばれる小部屋が用意されている。陰囃子の連中が、黒御簾に隠れ、情景に応じて音楽を奏でた。背景描写の楽の音が、音楽劇として、重要な役目を演じている。寺院や御殿の情景を指し示すときには、寺院や御殿に相応しい響きが使われた。〈雅〉を表現するお囃子を、歌舞伎の黒御簾音楽は手にしていた。

〈管絃〉という名の陰囃子がある。ここでの〈管絃〉は、〈かげん〉と読まれる。〈管絃〉である以上、囃子に弦楽器が含まれた。弦を省いた曲もある。寺院や御殿を、管と打楽器だけで表現しており、〈管絃〉と〈舞楽〉の対応関係によく似ている。この弦を省いた陰囃子の名称が、興味深い。ややこしいことながら、囃子の名前として、なんと〈音楽〉という名が付けられているのだ。

〈音楽〉という名の陰囃子である。〈音楽〉という名の音楽である。この場合の〈音楽〉は、普通名詞ではない。固有名詞である。歌舞伎の黒御簾音楽のなかで、〈音楽〉という単語が、曲名を表わす名称として用いられていた。愛犬に、〈犬〉と名前を付ける感覚に等しい。音楽現象を指し示す抽象名詞として、今日の私たちが日常的に使っている〈音楽〉という言葉が、江戸の時代、人々の身近に存在していなかったことになる。人々が日々、生活の彩りとして馴染んでいた音の楽しみは、〈音楽〉の名で呼ばれていない。俗なる楽を表わす名詞として、一般に使われていたのは、〈音曲〉だった。江戸期の人々は、音の楽しみを、〈音曲〉という言葉ともども享受していた。

　人類の歴史の過程で、音楽という文化は、少々特異な役割を担ってきた。音楽は、天文学と並んで、人類の科学思考の原点を記憶している。文明の最初期に、人ははじめて、音の高さと比の関係に気が付いた。真理への手掛かりは、管の長さや、弦の長さの簡単な整数比である。自然を貫く法則を知ると、音楽を育む論理は、秩序の比喩に利用された。文明を生み出した地域なら、ユーラシアの西でも東でも、〈音楽〉を表わす言葉とともに、普遍を覗きみる大切な窓口を考える。〈音楽〉になぞらえて、調和や真理が論じられていた。宇宙や人体や器楽を貫く秩序について、〈ムジカ・ムンダーナ（宇宙の音楽）〉〈ムジカ・フマーナ（人間の音楽）〉〈ムジカ・インストゥルメンタリス（器楽の音楽）〉と呼べば、西洋の概念になる。天・地・人の一字のうしろに、〈籟《らい》〉という笛を表わす言葉を加え、天が鳴らす楽の音・大地の音楽・人の音楽をそれぞれ、〈天籟〉〈地籟〉〈人籟〉と呼べば、東アジアの感覚である。

能分野では、とき折、謡の詞章に〈音楽〉という言葉を用いる。能舞台で耳にする〈音楽〉は、巷で鳴る娯楽の音と一線を画する。俗界の響きではない。妙なる調べを表わしていた。『羽衣』〔Ⓐ〕、『養老』〔Ⓑ〕、『難波』〔Ⓒ〕のみっつの演目に、〈音楽〉という言葉の用法を確認してみる。『羽衣』の詞章は、引用例と異なる個所で、「簫笛琴箜篌《しょうちゃくきんくご》孤雲の外《ほか》に充ち満ちて」と、虚空から降る楽の音について記述している。簫・笛・琴・箜篌のひとつひとつは、雅楽器や、周辺伝来楽器の名前である。『難波』〔Ⓒ〕の引用文中にみられる『春鶯囀《しゅんのうでん》』は、『長寿楽』の別名を持つ舞楽の曲名だった。能に用いられる〈音楽〉の背後で、〈雅楽〉の響きが優雅に流れる。典雅や荘厳への憧れを秘めて、〈音楽〉という言葉は、息をしていた。

Ⓐ虚空に花降り音楽聞こえ、霊香四方《れいこうよも》に薫ず。これただことと思はぬ処に、
Ⓑ天より光かかやきて、滝の響も声澄みて、音楽聞こえ花降りぬ。
Ⓒあら面白の音楽や。時の調子にかたどりて、春鶯囀の楽をば、春風ともろともに、花を散らしてどうど打つ。

能の詞章は、〈小謡〉と呼ばれる抜き出しの一節によって、江戸社会の教養となっていた。子供たちに、寺子屋で教えられている。しかし、庶民たちの身近に、能上演はなく、〈音楽〉という単語は、死語に等しい。

ヨーロッパの〈ミュージック〉〈ムジーク〉〈ミュジーク〉に対応する言葉として、東アジア地域には、古くから〈楽〉という語が存在していた。ヨーロッパ文明と対峙しながら新時代を切り開いていく必要が生じた折、人々の耳に、〈楽〉では少々、アジア文明圏の匂いが強すぎたのかもしれない。あるときから、日本社会は、〈ミュージック〉系列の訳語として、〈音楽〉という単語を用いはじめた。妙なる楽を表わす用語である。〈俗楽〉や〈音曲〉と範疇を違える。〈ミュージック〉の訳語に、日常的な娯楽現象を表わす〈音曲〉で事足りるなら、〈音楽〉という言葉は、文明開化の時代に必要なかった。

江戸社会への雅楽の浸透

雅楽はその昔、仏教伝来に伴い、海の彼方からやってきた。雅楽と仏教は、密接な関係でつながっている。雅楽の〈雅〉は、日本でながらく、宗教儀式を飾り立てていた。仏教の民衆化は、必然的に、雅楽の民衆化を促進させる。

東京都世田谷区の一角に、九品仏《くほんぶつ》浄真寺という寺が建つ。庶民救済を第一の眼目に置いた浄土宗の寺院である。教理研究を主眼とする奈良仏教から時が移り、平安時代に起こった末法思想の広がりは、浄土信仰の高まりを生んでいた。浄土は、救済に通じている。彼岸への憧れは、〈二十五菩薩来迎会《らいごうえ》〉の行事を育み、庶民に極楽世界を垣間みせた。九品仏の〈来迎会〉は、親しみを込めて、〈お面かぶり〉の名で呼ばれる。菩薩のお面を信徒がかぶり、本堂から上品堂へと渡された橋の上を練り歩く。二五体のうち半数以上の一五菩薩が、雅楽の楽器を手にしている。浄土に相応しい音楽は、庶民にとっても雅楽と映った。

現存する〈二十五菩薩来迎会〉の最も華やかな事例は、奈良の当麻寺《たいまでら》のものである。練供養の形と一体に、雅楽の響きを絶やすことがなかった。大阪市平野の大念仏寺をはじめ、幾つかの寺が、来迎会の伝統を今に残した。絵画で雅楽を奏でる菩薩たちを描いた〈二十五菩薩来迎図〉なら、更に多くの寺院の壁面を飾っている。彫刻に目を向けると、雅楽器を手に持つ宇治の平等院の雲中供養菩薩の存在が、とりわけ名高い。

大阪の四天王寺は、庶民信仰の寺である。聖徳太子命日の大法要、〈聖霊会《しょうりょうえ》〉で知られる。〈聖霊会〉を通して、平安時代に盛んだった舞楽を伴う法要の様子がうかがえる。貴重な文化遺産といえるだろう。かつての大阪人は、「寒さの果てもおしょうらい」という言い回しに親しみを込めた。天王寺楽所《がくそ》の楽人たちが、〈聖霊会〉の大役を担っていた。天王寺楽所の性格は、南都奈良の寺社で雅楽や舞楽を奏する南都楽所とも、宮中につながる京都楽所の楽人たちとも、少々異なる。彼らは、〈散所楽人〉たちだった。〈散所〉とは、労役に携わる身分卑しい人たちが集まる場所を意味する。身分的にも、職務的にも、差別されていた。その分、庶民とのつながりが強い。新潟県糸魚川市にある白山神社や、山形県西村山郡河北町の谷地八幡宮など、日本の幾つかの場所に、四天王寺の楽人から伝えられた舞楽が残り、地域の貴重な民俗芸能になっている。

雅楽は、武士たちの傍らでも音を鳴らした。徳川幕府は、江戸城紅葉山と日光東照宮に楽人を配し、折々の祭祀に雅楽の響きを採用していた。尾張徳川家には、東照宮の舞楽を司る楽家があった。人材教育の必要上、各藩は藩校を設置しており、その幾つかが雅楽を教えた。大名たちも、雅楽器や楽書の収集に熱を上げ、紀州藩主徳川治宝《はるとみ》や、彦根藩の井伊直亮《なおあき》などの幾人かが、熱心さで世間に名前をとどろかせていた。

落語の一席に、『火炎太鼓』という噺がある。昭和の名人・五代目古今亭志ん生お得意の出し物である。埃まみれの雅楽器を仕入れた古道具屋のおやじが、殿様の雅楽好みのおかげで、夢のような大金を手に入れる。火のないところに煙は立たない。元々が、江戸期の小噺である。江戸社会の内部で、噺を育む素地が熟成していた。

栃木県大田原市の正浄寺には、日光東照宮の楽人から指導を受けたと伝えられる農民たちの雅楽演奏が保存されている。藩校で教えられていた雅楽の名残りは、佐賀県多久聖廟に残された釈奠《せきてん》と呼ばれる孔子祭の雅楽や、島根県八束郡（現松江市）宍道町の八雲本陣所蔵の雅楽譜などにみて取れる。幕末に富山県高岡市で寺子屋を開いていた人物が、同好の士と語らい、雅楽同好会暢日連《ちょうにちれん》を結成した例もある。礪波《となみ》郡（現小矢部市）末友村から僧を招き、雅楽を習った。滋賀県の近江商人の町・日野町の曳山では、雅楽曲と同じ名前の『賀殿』が今でも囃子として演奏され、廃絶した曲のなかに、『陵王』という雅楽曲の名が残る。寺社を通して、妙なる音への憧れは、地方に広くばらまかれ、藩校の雅楽教育を介しても、地方に雅楽のネットワークが育まれていた。

薩摩藩の琵琶楽と《君が代》

鹿児島には、薩摩琵琶と呼ばれる琵琶楽が存在する。現行の国歌『君が代』の歌詞について語られるとき、薩摩藩出身の軍人・大山巌の名とともに、度々引き合いに出される音楽分野である。

中島常楽院という天台宗の寺院が、薩摩琵琶の発祥の地だった。薩摩盲僧琵琶の拠点でもある。『妙音十二楽』という曲が、常楽院に伝存している。琵琶・横笛・太鼓など、八種類の楽器による合奏音楽で、古来寺院で演奏されていた宗教音楽の様子を今に伝える。源頼朝から九州南部の守護に任命された折、島津忠久は、滋賀県大津にあった妙音寺常楽院の宝山検校を島津家の祈禱僧として伴い、薩摩の地に、中島常楽院を創建した。以来、琵琶楽の響きが、薩摩の大地に強く根を張る。

薩摩の琵琶は、雅楽の楽琵琶を発展させた楽器である。室町期の島津忠良《ただよし》が、楽器改良に重要な役割を演じた。琵琶弾奏の名手・常楽院第一三代淵脇長寿院の妙音を聞き、青少年の徳育情操に役立つ工夫を願ったと伝えられている。薩摩盲僧の琵琶は、小振りな宗教の楽器だった。改良を経て、楽器は大型化し、力強さが加わった。撥《ばち》の打ち音や、弦の擦り音、弦を引っ張ることで得られる音高の大胆な揺らしの効果など、音楽表現に幅が増した。似たような変化は、尺八という楽器にもみて取れる。竹の一節《ひとふし》分の長さの一節切《ひとよぎり》の尺八が、江戸時代に大振りな楽器となった。息の音を効果的に聞かせるムラ息や、巻き舌で音を震わせる玉音《たまね》や、首を振って音を上下させるユリの技巧を得て、表現力を増大させている。伝来楽器を発展させ、新しい音の表現を切り開いていった薩摩琵琶の音楽は、歴史を通した日本伝統音楽の洗練方向と、しっかり重なる。

薩摩琵琶楽の詞章もまた、日本社会に育まれた言葉の文化と、連動していた。幕末に藩主の大役を担った島津久光は、薩摩琵琶を愛でた歴代藩主の血を受け継ぎ、『春の調』という詞を作った。「君が代」という言葉を含む祝い歌である。

> 新玉の、年の始の寿や、昔変らず吹きあぐる、笛と鼓の音までも春の調に聞えつつ。〔略〕又高砂住の江の、松に相生の尉《じょう》と姥《うば》、妹背の契り末長く、君が代の千代のためしにひかれつつ、四方《よも》の海原浪和ぎて、吹くも静けき時津風。

維新以前に作られていた薩摩琵琶楽には、目出度さを寿ぐ内容の文言を多く見受ける。祝いの席に相応しい歌は、日本全国津々浦々で、あまねく求められていた。『春日野』という曲のなかにも、「君が代」の語句が含まれる。

> 春日野に、下萌え出づる若草の、歳の戸明けて秋津国、〔略〕明けの友鶴君が代を、寿祝ふ初声に、〔略〕朝日輝く富士の峰、是ぞ蓬萊山とは謡ひつつ。〔略〕君が治むる御代なれば、幾万代《よろずよ》の後までも変らぬ御代こそ目出度けれ。

島津忠良は、天下分け目の関ヶ原を戦った島津義弘の祖父に当たる。混乱していた島津氏を立て直し、のちの発展の礎を築いて、島津家中興の祖を謳われた。『蓬萊山』という一作は、忠良由来の琵琶曲である。維新を遂行した薩摩藩士たちに馴染まれていた歌であり、現行の国歌『君が代』の詩が、曲中に全文姿を覗かせる。

目出度やな、君が恵は久方の、光り長閑き春の日に、不老門を立ち出でて四方の景色を眺むるに、峯の小松に雛鶴棲みて、谷の小川に亀遊ぶ、君が代は、千代に八千代に礫《さゞれ》石の、巌となりて苔のむすまで、命長らへて、雨塊《つちくれ》を破《やぶ》らず、風枝を鳴らさじと云へばまた堯舜《ぎょうしゅん》の御代も斯くやあらん。〔略〕仁義正しき御代の春、蓬莱山とは是とかや。君が代の、千歳の松も常盤色、変らぬ御代の例《ためし》には、天長地久と、国も豊かに治りて、弓は袋に剣《つるぎ》は箱に蔵《おさ》め置く。

数多くの〈君が代〉の文言を含む詞章と同様、薩摩琵琶の『蓬莱山』もまた、目出度さを言祝ぐ歌のひとつだった。詩文のなかで、鶴亀が遊び、松の常盤に天地の永遠が願われる。不老門や蓬莱山のような言葉に綾取られ、吉祥に満ちた語句が詩文を飾る。弓や剣のような武器は、袋や箱に納められ、平和が強く求められていた。世の安寧を望む点でも、『蓬莱山』の詞章は、ほかの多くの《君が代》たちと、内容の点で共通している。

薩摩琵琶曲『蓬莱山』のなかに登場する《君が代》の詞章をもって、今日、多くの人が、現行の国歌『君が代』につながる直接の出典と推量する。薩摩藩は、維新の主役にほかならない。『蓬莱山』の文言は、薩摩藩士の心に染み込んでいた。歌は、相応に影響力を行使できる立場を確保し、明治の新時代と対面し合った。

ヨーロッパ諸勢力への対応が急務になると、西洋社会の文化習慣を受け入れる必要性が、日本に生じる。国歌の模索も、大切な課題のひとつとなった。国の儀式を彩る〈楽〉として、国歌となる歌には、〈正楽〉の品格が求められていた。〈俗〉なる響きを避けようと思えば、仙境や浄土の響きにつながる雅楽があった。雅楽への心象は、日本社会全般に行き渡っている。賀の歌・寿ぎの歌・世の安寧や豊かさを願う歌・目出度い歌を大切に扱う心根は、日本の至る所で充満し、その筆頭に、《君が代》の歌がある。文言は、庶民に至るまで親しまれていた。

国歌の言葉を探す試みや、相応しい音楽のあり方を検証していく過程のなかで、過去に積み上げられてきた分厚い文化の層の重みが、無言の大役の役目を担った。その後の展開の行方を差配していく。日本国歌への試行錯誤がはじまると、雅楽分野の音楽家たちや、薩摩周辺の人々、〈君が代〉を巡る言葉の数々が、舞台の前景で重要な役割を演じはじめた。雅楽の音感覚が、〈正楽〉の感触を引き受け、薩摩出身の個人やその周辺に、案を提示する役柄が回ってくる。特殊な環境下に揺さぶりをかければ、条件に応じ、反応が生じる。歴史の流れのなかに生きるひとりひとりの肩の上に、時に応じて荷物を乗せ、時間は休みなく、次なる時代に向かって歩みを進める。時の動きは、止めることができない。

二　出会いと変容

音楽と国境

　言語では、意味と音とを分ち難い。両者は、互いに表裏一体である。言葉の音を、意味の把握ができないままに聞き続け、喜びを感じる人は、ほとんどいない。音楽は、言語と異なり、一旦心の垣根を取り払うと、異文化の音楽であっても、充分に曲調の変化が楽しめる。音楽は、軽々と、国の違いを超えていく。音楽にとって、国境なぞないに等しい。

　言葉も音楽も、人の発する音を使って組み立てられる。振動体が震えて、音は鳴り、鳴らされた音は、音高や、強弱や、音色という基本性質を伴っている。科学用語でいう音の三要素である。音楽の方が、言語に比べ、三要素の範囲を幅広く使う。その分、音楽における音の編成の方法は、地域や歴史に応じて多種多様とならざるを得ない。民族が違えば、音楽は異なり、時代が移れば、鳴らされる音楽に変化が生じる。

　世界の音楽文化は、多様性に満ちている。国境をまたぎ、音楽を構築している方法論は、微妙に異なる。文明が違えば、方法論の差は、確実に大きい。違いを尊重し、意識し合って、認め合う姿勢が育まれる。音楽と音楽のあいだには、目にみえない境界が存在する。音楽にも、国境線が存在している。

日本の音楽は、維新という出来事を境に、西洋の音楽と真正面から向き合った。ふたつの音楽文化の出会いである。異質と異質が遭遇し、文化分野で、化学反応に似た作用が生じた。文化変容は、集団の物語に属し、個人の範疇を大きく超え出る。時代の力学に応じた一回限りの出来事である。科学実験のように再現できず、追体験など不可能に等しい。

日本は、固有の音楽文化を保持させながら、西洋の音楽文化を受容した。一国水準での文化の受け入れには、時間がかかる。日本が味わった変容過程の大変さを推察しようと思えば、頭のなかで、変容の方向を逆転させてみればよい。向きを逆さにしても、実施に付きまとう困難さの程度は、等価だろう。もし、ヨーロッパ社会が日本の音楽文化を導入したとして、地域への日本音楽の浸透に、一体どれ程の時間を要するものなのか。新大陸に連れてこられたアフリカ系の人々は、奴隷状態に置かれてなお、体のなかに染み込んだ音楽文化の根っ子を捨て去ろうとしなかった。日本に住む日本人は、政治的独立を保った状態で、文化変容過程を進行させている。日本の社会は、明治・大正・昭和を通し、時代の移ろいに苦労の跡を刻み込みながら、音楽変容を巡る魅力的な例証を数多く生み落としていかざるを得なかった。

新漢語としての〈音楽〉

西洋文化の受容に伴い、音楽に関する言葉が、日本社会で大きく変わった。東洋の〈楽〉が西洋の〈ミュージック〉に触れ合うと、出会いを機に、〈楽〉が〈音楽〉に変化した。近代以降に使われた〈音楽〉の二文字は、明治期の新漢語と、性質が似ている。日常使用から距離を隔てた〈音楽〉という言葉に光が当てられ、福沢諭吉による〈社会〉や、中村正直《まさなお》の〈自由〉や、西周《にしあまね》の〈理性〉、長与専斎《せんさい》の〈衛生〉、箕作麟祥《みつくりりんしょう》の〈権利〉などの新語と肩を並べて、社会の表層で使われはじめた。

江戸期の外交関係は、外に小さく窓を開いた状態で、ながらく平衡が保たれている。均衡状態に破れが生じたところで、日本は西洋に対し、一気に胸襟を開いたわけではない。開化に先立ち、攘夷の嵐が吹き荒れた。違和感と排除の時代を体験し、維新が成し遂げられていく。〈音楽〉という言葉を巡っても、類似の現象が存在する。文化変容の物語は、一筋縄に運ばない。

仙台藩士の玉虫《たまむし》左太夫は、幕末に幕府が送った遣米使節団の一員である。アメリカに向かうポーハタン号の船上で、米国海軍軍楽隊による奏楽を体験した。鳴り響く楽の音に、相当な違和感を覚えたのだろう。感じたままの言葉を日記に綴った。一八六〇年二月三日付の文面には、

「音楽朝夕奏ス。〔略〕尤《もっとも》音声和少ナク極メテ野鄙《やひ》ナリ、聞クニ足ラズ」との記述がみられる。左太夫は、「音楽ヲ奏ス」の言い回しを、否定的な意味合いに度々用いた。江戸末における〈音楽〉という言葉の使用例である。異質だから、普段使われることのない言葉を掬い上げ、〈音楽〉の字をはめる。西洋の音は、左太夫の耳に、〈雅〉よりも〈鄙《ひな》〉と聞こえていた。〈鄙〉は〈卑〉と同義である。

西洋楽に〈音楽〉の語を当てたのは、遣米使節団員のなかで、玉蟲左太夫ひとりにとどまらなかった。柳川当清《とうせい》の日記でも、〈音楽〉の語が、「大洋といへとも朝夕音楽を奏す是今日の無事を祝する楽なりと云《いう》」のように利用されている。使節団の面々は、西洋の奏楽を表わして〈音楽〉と書くのに、躊躇がなかった。

幕末に姿を現わしはじめた習慣は、その後の日本社会に長く影響の尾を曳いた。〈音楽〉という語は、一九世紀から二〇世紀にかけて、一般に、西洋の音楽と西欧様式で作られた楽曲を指している。言葉の用法にも、歴史が潜む。音楽現象全般を意味し、〈音楽〉が日常的に用いられるのは、第二次世界大戦を通り過ぎて以降らしい。〈音ヲ楽シム〉と漢字二文字を解釈し、〈音楽〉の語を江戸期の〈音曲〉と同義に用いだすには、更に、二〇世紀の末年まで待たねばならない。

〈国ノ歌〉という単語の意味合い

〈国〉と〈歌〉の文字の組み合わせもまた、今と昔で、語感が違った。〈国歌〉と書いて〈こっか〉と読めば、今日、多くの人が〈ナショナル・アンセム〉を思い浮かべる。〈国歌〉とは、〈国ノ歌〉のことである。感じ方次第で、〈その地域を代表する歌文化〉の意になる。殊更に、〈歌〉の字の前に漢字一文字を加えて断りを入れなくても、遥か昔から、〈歌〉一文字で成り立つ文学領域が、日本に住む人々のあいだで愛好され続けていた。

『国歌八論』という名の書物がある。一七四二年に、江戸期の国学者・荷田在満《かだのありまろ》によって書き上げられた。書名の〈国歌〉は、〈やまとうた〉を意味する。〈倭《わ》〉の国の〈歌〉として、〈和歌〉が〈国歌〉に対応していた。一八世紀の四〇年代といえば、英国の〈国歌〉が、海の向こうで歴史の黎明期に立ち至った頃合いである。国家間の付き合いに、〈ナショナル・アンセム〉を必要とする習慣自体、まだ地球上で一般化していない。国文学分野に画期をなす大著、『国歌大観』という名の書籍が世に出されたのは、二〇世紀の最初頭期・明治三〇年代のことである。和歌の集成として編纂されている。漢字二文字の〈国歌〉が指し示す内容は、国家を称える歌の意の〈ナショナル・アンセム〉だけではなかった。〈和歌〉の意もある。日本では、ふたつの語意が、ある時期、並行して同時に用いられていた。

明治時代の官僚政治家・末松謙澄《けんちょう》は、ロンドンに赴任していた一八八四年、毎日新聞の前身・東京日日新聞に、『歌楽論』という文章を寄稿した。〈国歌〉という言葉を用いず、〈国歌〉について論じている。

西洋各国ニハ皆御承知ノ通リ所謂国頌《いわゆるこくしょう》ナルモノアリ　歌アリ楽アリ相伴フ　歌ヨリシテ云ヘバ国頌《ナショナルアンセム》ト云ヒ楽ヨリシテ云ヘバ国音《ナショナル、エア》ト云フ

〈ナショナル・アンセム〉としての〈国歌〉について論じながら、末松謙澄は、〈国歌〉の語を使用しない。一般に、〈国歌〉が〈和歌〉と受け止められた時代を反映してのことだろう。文明開化が進行し、明治時代が一七年という時間を積み重ねても、〈国頌〉や〈国音《こくおん》〉を用いて〈国歌〉を表わす必要性が、日本社会に充満していた。

〈しょうが〉から〈しょうか〉へ

言語習慣の切り替えは、〈唱歌〉という言葉でも生じている。漢字の〈唱〉は、訓で読むと、〈となえる〉か〈うたう〉になる。楽譜代わりに〈歌で唱《とな》え〉、曲の記憶を呼び覚ます方法は、漢字二文字で〈唱歌〉と書かれた。日本伝統音楽分野の基本用法であり、読みは、〈しょうが〉

である。〈か〉の字に濁点のある〈しょうが〉であって、〈しょうか〉ではない。明治以降になり、〈歌を唱《うた》う〉の意味合いとともに、〈唱歌〉は〈しょうか〉に変化した。近代日本語における〈唱歌〉の内容は、英語の〈ソング〉や〈シンギング〉の語意を強調している。

一八七一年から七三年にかけてのこと。岩倉具視を正使とする使節団の一行が、アメリカ合衆国とヨーロッパ各国を歴訪した。この折の様子は、大使随行・久米邦武の書いた『特命全権大使米欧回覧実記』を通して知ることができる。幕末の遣米使節派遣から、既に一〇年程が経過していた。久米邦武の言葉には、もはや、西洋文明の音楽に野卑を感じる記述がない。使節団派遣の主要目的は、政治領域である。新生日本の国家設計模索のため、米欧各国の近代的制度や文物に関する調査研究にも、大きな注意が払われていた。

ヨーロッパの学制を調査する過程で、明治二年に、『和蘭学制』という書物が翻訳された。訳語として、〈唱歌〉という漢字二文字が使われている。西洋の国民教育には、なぜか、〈唱歌〉なる科目が存在する。音楽と絡み、使節団の面々は、頭のどこかで、学校現場の〈唱歌〉教育に引っ掛かりを感じていた。サンフランシスコ滞在中に小学校を訪問した折の文章をみると、「唱歌ハ小学ノ日課ニテ、以テ天神ニツカヘ、人倫ヲ和ス」とある。欧米の子供たちによる学校での合唱は、使節団の面々に、強い印象を刻み込んだ。『回覧実記』を覗くと、折に触れ、音楽の授業の記述が登場してくる。

西洋社会の歌声は、使節団員の興味をそそった。声を揃えて歌うのは、子供のみに限られていない。学校に限定されての出来事でもない。教会に行けば、大人たちが声を合わせ、賛美歌を歌っていた。貴賤を超え、同じ信仰を持った集団が一カ所に集まり、説教を聞き、祈りを捧げ、同じ歌を一斉に歌う。宗教の歌は、学校の〈唱歌〉でも大切に扱われていた。宗教を軸とする集団的なまとまりに、使節団は、西洋文明の強大さの一端をみた。日本では、ほとんどみかけない景色である。西洋音楽は、日本の伝統音楽に比べ、見方次第で、圧倒的に集団主義的傾向が強い。明治社会を主導していく人材たちは、いち早く、〈唱歌〉教育の効能を感じ取った。しかし、日本と西洋では、音楽体系の設計法が大きく異なる。当時の日本社会全域を見渡しても、西洋の唱歌教育を実践できる音楽教師は、絶無というに等しかった。

雅楽の楽人と黎明期の近代教育

明治三年、西暦表記の一八七〇年、新政府は、雅楽の楽人を呼び集め、維新後最初となる音楽専門機関を設立した。当初の名を、太政官雅楽局という。すぐに、式部寮雅楽課と名前を転じた。今日の宮内庁式部職楽部である。王政復古を成し遂げた明治政府にとって、京都の貴族の傍らにあった雅楽の響きは、〈正楽〉の座に似つかわしい。洋楽導入もまた、近代日本にとっての必要事である。楽団員は、明治時代に任命された音楽公務員の立場にいた。公務を担う宮廷楽団員として、式部寮の楽人たちには、あるときから、吹奏楽や管弦楽の技能獲得が求められていく。

式部寮の楽人たちは、ヴァイオリン族の弦楽器を習い、西欧の管楽器習得に汗を流した。雅楽器を演奏するだけが、公務員たる彼らの仕事ではない。音楽家の家系につながる血の賜物だろう。楽人たちの洋楽能力は、明治の初期に、それなりの評価を勝ち取った。西洋風俗の導入期である。弦楽器を演奏できた楽人たちの需要は特に高く、ワルツやカドリールの稽古日など、彼らは度々、明治の欧化政策を象徴する鹿鳴館へと足を運んだ。雅楽の伶人《れいじん》（雅楽の奏者）たちの西洋楽導入に果たした貢献度合いは、教育用〈唱歌〉作曲の依頼となって、式部寮雅楽課に跳ね返ってくる。日本人の手になる近代的〈唱歌〉創作への要請だった。

中村正直という人物が、式部寮雅楽課による〈唱歌〉誕生に際し、重要な役割を演じた。中村正直は、幕臣の出である。幕府が倒れたとき、急遽留学先のイギリスから帰国した経歴を持つ。ジョン・スチュアート・ミルの『自由論』を『自由之理』と題して翻訳し、新漢語としての〈自由〉を日本に広めた。国家が個人に対して行使できる権力の限界を論じ、自由民権思想形成に多大な影響を与えた書籍である。サミュエル・スマイルズの『自助論』を『西国立志編』の名で出版し、福沢諭吉の『学問ノススメ』と並ぶ明治の二大ベストセラーを誕生させた。『西国立志編』中には、「天ハ自ラ助《たすく》ルモノヲ助《たすく》」という言葉が含まれ、明治の世に与えた影響が、計り知れない。近代化を目指した日本にとって、自助独立の精神は、大切である。日本自体も、世界のなかで自立していく必要に迫られていた。

福沢諭吉をはじめ、中村正直も、西周も、長与専斎も、箕作麟祥も、〈明六社〉という団体のメンバーだった。〈明六社〉の名は、明治六年結成という事実に由来する。啓蒙学術団体として明治の論壇に大きな役割を果たし、機関誌の『明六雑誌』は、数多くの新漢語を生み出す揺籃の地となっていた。団員には、教育者が多い。福沢諭吉は慶應義塾を立ち上げ、西周と箕作麟祥は独協学園と法政大学の初代校長であり、長与専斎は東大医学部の前身となる東京医学校の校長の役を担い、女性教育に関心の高かった中村正直は、現お茶の水女子大学の前身にあたる東京女子師範学校校長の職責にあった。

中村正直は、翻訳家であると同時に、教育者である。中村正直が一八七六年に発表した文章を覗くと、『フレーベル氏幼稚園論ノ概旨』や『ドゥアイ氏幼稚園論ノ概旨』などの題名が見受けられ、西欧社会で芽吹きはじめた幼児教育に、すぐさま反応している様子がうかがえる。西洋では、幼児の教育に音楽が欠かせない。洋楽習得に成果を示した式部寮雅楽課の協力を仰げば、新しい〈唱歌〉の模索ができる。東京女子師範学校と式部寮雅楽課の協力が生み出した教育用〈唱歌〉は、一般公教育機関で洋風の〈唱歌〉が実施されるのに先立ち、いっとき、日本の〈唱歌〉文化の先頭を走った。今日、〈保育唱歌〉の名で呼ばれている。一八七七年から八二年にかけて、数にして百曲程が作られた。日本の元号に置き直すと、明治一〇年から一五年のことである。

洋楽導入の担い手たち

幕末から明治にかけて起こった音楽的文化変容過程を眺めるとき、軍隊組織のなかで音楽を奏でる軍楽隊もまた、西洋音楽導入に、少なからぬ役割を演じていた。軍楽には、効能があった。西洋流儀の太鼓や笛の扱いは、蒸気船操縦や歩兵訓練の場で役に立つ。多くの藩が、早くから、西洋式の軍楽を導入した。一八五〇年代になると、既に、何冊もの太鼓譜や鼓笛譜が、日本で出版されている。錦の御旗を押し立てて江戸を目指した討幕軍でも、新式の鼓笛隊が、西洋から持ち込まれた新しい響きを奏でていた。

西洋の国々は、開港後、横浜に公使館を置き、それぞれに護衛兵を配置した。攘夷運動の襲撃事件を度々体験したイギリスは、一個大隊を日本に配備し、長期滞在に合わせて、家族や軍楽隊を日本に送った。イギリスの軍隊は、一九世紀において世界随一の力を誇る。一八六三年の薩英戦争を機に、維新の主役・薩摩藩との急接近を成し遂げていた。

大英帝国海軍歩兵第一〇番大隊軍楽隊を描いた錦絵がある。軍楽隊長ジョン・ウィリアム・フェントンに統率された軍楽隊が、横浜山手の英国公使館前を行進していた。二代目歌川広重の『横浜高台英役館之全図』である。軍楽隊長フェントンは、薩摩藩との関係を拠り所として、日本の洋楽導入に重要な役柄を担った。薩摩藩の軍楽隊・薩摩バンドの指導を任され、雅楽の伶人たちにヨーロッパの楽器を教えた。鹿児島出身者たちとの話のやりとりに、日本ではじめて、純粋西洋音楽様式による『君が代』の歌を作曲した。

江戸期の軍楽隊体験者のひとりに、明治時代の文部官僚・伊沢修二という人物がいる。信州高遠藩の鼓手から身を起こした。一八七五年には、教育学調査のため、アメリカ合衆国へ派遣されている。渡米前には、伊沢修二自身、西洋音楽の基本的な書き言葉である五線譜の読み書きを知らなかった。家族に伝えられた逸話によると、彼の地で、〈音楽を知らざるものはブタ〉といわれたことをきっかけに、西洋の五線譜を猛然と勉強した。帰国後、音楽研究・音楽教育研究・音楽教科書編纂所の役割を担う機関の設置を政府に求め、創設された音楽取調掛《とりしらべがかり》の長として、五線譜による〈唱歌〉教育を強力に推し進めていく。五線を用いた〈唱歌〉教育の実践には、準備するだけでもかなりの時間を要した。一八八二年になってはじめて、公教育用の〈唱歌集〉が、日本で最初に出版される運びとなる。

音楽取調掛による学校唱歌の誕生には、軍楽体験者をはじめ、西洋音楽に取り組んだ雅楽分野の楽人たち、お雇い外国人音楽家の努力が欠かせない。唱歌教育が全国津々浦々に行き渡ることにより、西洋的な音感覚が、幼い子供たちの体のなかに少しずつ植え込まれはじめた。学校の外側で日常的に鳴る音楽とは、相当異質な響きである。校門の外側にすぐさま普及したわけではない。小学校で西洋の音律を学んだ子供たちが成長し、西洋の音感に基づく新しい日本の音楽を自発的に作り出すには、更にもうしばらく時間がかかる。明治の唱歌教育で培われた音楽能力を足場に、旧制高等学校に学んだ人たちが〈寮歌〉と呼ばれる自分たちの歌を作曲するのは、一八九〇年代になってのことである。燎原の火の如く、寮歌文化が日本国中に広がっていくには、二〇世紀の訪れが必要だろう。異文化の文法習得には、時間がかかる。時の経過が、大切な要素となって作用していた。

文明開化と数曲の《君が代》

日本社会への西洋音楽導入が端緒についた一八七〇年代から一八八〇年代にかけて、《君が代》の和歌を歌詞とした歌が、日本社会への西洋音楽文化導入と係わる局面だけで、四曲生まれた。ひとつの歌詞に、四曲である。かなり多い。機会が生じるその度ごとに、新しい歌が工夫され続けたことになる。係わった音楽人たちの社会的立場は、外国人軍楽関係者や、西洋の〈唱歌〉導入に力を注いだ雅楽人や、文部官僚たちである。四曲の内訳をみると、まず、イギリス人軍楽隊長ジョン・ウィリアム・フェントンの曲に指が折れる。式部寮雅楽課の楽人たちの〈保育唱歌〉二曲と、音楽取調掛の〈小学校唱歌〉一曲が、残るみっつに当たっている。フエントンの『君が代』は、イギリス人が係わっての『君が代』だった。当時西洋社会のなかで居場所を確立しだした〈ナショナル・アンセム〉としての〈国歌〉の脈絡に、はっきりとつながり合っている。

歌詞に〈君が代〉の語を含む曲なら、まだほかにも存在する。音楽取調掛の〈小学校唱歌〉から、『やよ御民《みたみ》』という曲を紹介しておく。〈民〉の前に〈御〉の字を加えて、〈御民〉となる。〈代〉に〈御〉を足し、〈御代〉の語が生まれるのと同じである。今日の感覚に、〈御代〉や〈御民〉が大仰に響こうと、かつては、大地震の被害を伝える瓦版の大見出しにさえ、〈ゆるがぬ御代要石寿栄〉などとして使われていた。呼び掛けの言葉の〈やよ〉は、〈おい〉や〈やい〉の感覚だろう。〈君が代〉の語も、能の〈神が代（天界）〉〈君が代（人界）〉の対に通じる感覚で、〈人の世〉の意味合いを匂わせる。ドイツ民謡風の簡潔な旋律である。ハイドン作曲の『四季』のなかの最初の合唱曲と雰囲気が似ており、彼の地でも、学校教育用に利用されていた。歌詞の言葉は、あとからの工夫である。旋律に合わせて、言葉を乗せるやり方は、音楽取調係による初期の〈唱歌〉が多用した便法だった。詩と音楽を自前で作る音楽能力は、まだ、当時の日本に存在しない。

一　やよみたみ。

稲をうゑ。井の水たゝへ。
君が代は。
腹つゞみうち。身をいはへ。

二　やよ御民。
萱《かや》をかり。わが家をふきて。
君が代は。
雨露しのぎ。世をわたれ。

《君が代》の和歌を歌詞とする四曲中の一曲、小学校唱歌の『君が代』の旋律は、イギリスの都市的な歌から持ってこられた。元々の曲名を『栄光のアポロ』という。紳士向けの娯楽用合唱曲である。サミュエル・ウェッブという作曲家によって、一七八七年に書き上げられた。英国では、イギリス紳士たちが飲み食いと合唱に興じた時代を懐かしみ、今でも時折歌われる。
『小学唱歌集初編』全三三曲中の二三曲目に掲載されている。歌詞は二番まで存在する。

一　君が代は。ちよにやちよに。さゞれいしの。
巌となりて。こけのむすまで。うごきなく。

常磐かきはに。かぎりもあらじ。
二　君が代は。千尋の底の。さゞれいしの。
鵜のゐる磯と。あらはるゝまで。かぎりなき。
みよの栄を。ほぎたてまつる。

保育唱歌の『君が代』

西洋が近代になって生み出した〈唱歌〉の文化を見習いながら、日本でも、新しい子供の歌が、次々と世に送り出されている。教育を介した歌文化である。子供たちの健全な精神育成が願われていた。伝統文化がまだ社会に息づいていることもあり、〈唱歌〉や〈保育唱歌〉にみる古歌の利用頻度は、相当に高い。『古今集』初出の《君が代》の和歌を用いた〈保育唱歌〉は、二曲を数える。同じ言葉が、同一組織内で、二回にわたって曲付けされていた。二曲の作曲は、互いに相前後している。和歌に含まれる言葉を利用して、『君が代』『さざれいし』と、曲名で区別を付けた。二曲とも、雅楽の伶人たちに身近な雅楽譜をもって作曲されている。〈保育唱歌〉として作られた『君が代』が、諸般の事情を踏まえ、やがて、国歌へ転用される運びとなった。

東京女子師範学校由来の〈保育唱歌〉資料は、現在、お茶の水女子大学附属図書館に所蔵されている。日本の保母第一号となった女性教育家・豊田芙雄《ふゆ》が書いたと推定される歌詞集や、師範学校の学生だった清水たづという女性によって筆写された楽譜集である。清水たづの手書き譜は、一八八三年に作られた。宮内庁伶人に教わった八五曲を収録し、『君が代』は、九曲目に筆写されている。冒頭の歌ではない。作曲者の名が『さざれいし』を作った楽人の名で誤記されており、曲名の『君が代』のすぐ斜め右上に、同じ大きさの文字で、「古今集」の文字がみて取れる。歌は、『古今集』の『君が代』として歌われていた。手書き譜の書き手が、特別な曲を意識した気配など、いささかも感じられない。

幕末以降に起こった音楽的文化変容の過程は、幾つもの興味深い出来事を記録に残し、日本社会の内部に蓄えられている。西洋音楽の導入期、西欧文化との係わりに、《君が代》の歌詞を用いた数曲の歌が相次いで作り出された。《君が代》の言葉を使い続けた過去の堆積がなければ起こりようがない。薩摩藩関係者が、英国人軍楽隊長ジョン・ウィリアム・フェントンの要請に応じて《君が代》の詞章を持ち出したときも、《君が代》の言葉の持つ意味合いは、日本の歴史に根を下ろした精神と、直接につながり合っていたはずである。明治の初期に生み出された《君が代》の歌の曲調は、曲が生まれる事情に応じ、少しずつ異なる。曲ごとの変化に、急激な文化変容過程を感じると、音楽を巡る当時の複雑で困難な状況に想いが及ぶ。

歴史は、起こったままに厳然として過去にあり、今に応じて姿を変えない。大変な時代であったに違いない。政治にとっても。文化にとっても。そしてまた、音楽にとっても。

三　開化の渦中の日本音楽

明治の雅楽・明治の能

大政奉還による権力移譲によって、歴史の歯車は、大きく回った。時代は動く。雅楽も移ろう。貴族社会に身近な雅楽へ向かって、時代の光が射し込むと、京都や大阪や奈良にあった雅楽の家が、公的機関内部に一元化された。寺社の行事を支えた寺家や社家の制度は、廃止され、この時期、雅楽が一気に整理統合されていく。雅楽は変わった。現在聞くことのできる雅楽の音は、もはや江戸期のものではない。明治の改革を踏まえて鳴り響く。

維新の変革は、薩長を軸とする武士たちによって担われた。明治の統治者は、江戸期の支配層からの横滑りである。武士階層にとり、能は式楽だった。明治の到来が、能を一気に衰退させるはずもない。明治政府は、早くから、外国賓客の接待に能を用いた。英国エジンバラ公アルフレッドは、新時代が幕を開けたばかりの一八六九年、明治二年に能上演を鑑賞している。

一八七二年になると、ロシアのアレクセイ王子が、能舞台を体験した。能伝統の継承を主眼とし、一八八一年、岩倉具視を中心に、〈能楽社〉という組織が立ち上げられる。〈能楽社〉以前、能の呼び名は、もっぱら〈猿楽〉や〈申楽《さるがく》〉である。新時代の来訪とともに、能の表記は、〈能〉や〈能楽〉に変更された。呼称の移ろいに伴い、芸術性の高い音楽劇として、能を受け止める時代がやってくる。近代が生み落とした〈芸術〉概念に寄り添いながら、中世以来の日本の伝統的音楽劇は、明治に入り、現代人が知る近代の能へと姿を転じる。

日本・中国と西洋世界

幕末に、日本人の海外渡航が、御禁制から解き放たれた。大道芸人たちの示した反応は、極めて素早い。旺盛な芸人魂を胸に、手品師の隅田川浪五郎・曲独楽の松井源水・足芸の浜碇《はまいかり》定吉などが一座を組み、異文明世界に向けて海を渡った。近代化を目指す指導者たちの眼差しに、娯楽性の強い音曲分野は、国家に益なき遊芸のたぐいである。文明の対極と映っていた。日本の庶民的芸能への西洋社会の反応は、日本の為政者層の判断と正反対である。西洋の地に置かれた日本の大道芸は、彼の地に稀な、生きた日本にほかならない。文明の地の新聞は、俗なる芸能をイラスト入りで扱い、芸人たちの技の高さをほめそやした。

出会いがあれば、双方向に作用が生じる。新奇は、好奇心を刺激する。岩倉具視を正使とする大使節団を自国に迎えたときなぞ、物珍しさも手伝ってか、各国の紙面の扱いは、大きかった。異文化圏からの公式訪問である。報道価値において、庶民芸能を遥かに凌ぐ。使節団の陣容は、留学生を含めると、当初、優に百名を超えていた。

岩倉使節団は、一八七一年から七三年にかけて、米欧一二カ国を歴訪した。日本がもし、西欧列強に植民地化されていたら、利害関係は、宗主国一国とのあいだで生じ、他の諸国に、日本との交渉事に応じる隙間がない。政治の論理は、冷徹である。一二という数は、日本が列強による植民地化を免れた事実と係わり合った。同時に、訪れるに値した西洋の国の数をも暗示している。

日本の使節団派遣と並行して、隣国・清王朝の使節も、先進地帯を訪問していた。一八六八年から七〇年にかけて、清国は米欧に向け、〈蒲安臣《ほあんじん》使節団〉と呼ばれる一団を送り出した。一一カ国の歴訪である。訪問国の大半が、岩倉使節団と重複していた。蒲安臣使節団の名は、団を率いたアメリカ公使アンソン・バーリンゲームの中国名に由来する。半植民地状態に陥りかけていた中国の様子を反映し、権限の多くが外国人の手に握られ、中国人団員の数は、三〇名程にすぎない。二〇年程のち、清朝は再度、〈海外遊歴使節〉を編成した。選抜試験を通ったエリートたちに二年の時間を与え、一二名の外遊使節に随員と通訳をあてがい、アジア・ヨーロッパ・北米・南米を調べさせた。帰国後、『英政概（英国政治概略）』や『英藩政概（英国植民地政治概略）』のような著作が出版されている。しかし、どうしたわけか、海外情勢に熟知した団員たちは、政府の内部に活躍の場を与えられない。

先進西洋と向き合う姿勢に、日中間で微妙な隔たりが存在していた。両者の違いは、東アジア二カ国を眺める西洋地域の評価に影響を与える。ヨーロッパの中国に対する心象は、先立つ時代に悪くない。中国産磁器の数々が、ヨーロッパのそこかしこで、邸宅の壁面を飾っていた。ヴォルテールのような啓蒙思想家は、身分と関係なく試験で官僚を選抜する中国の科挙制度に、魅力を感じた。陰陽を⚋と⚊の記号で表わし、その組み合わせに森羅万象をみる卦《け》の発想は、0と1の数字のみを使う二進法と相似である。微積分の生みの親のひとりであるライプニッツが、卦と微積分の関連について論じていた。

西洋社会の中国趣味は、シノワズリーと呼ばれる。対する日本趣味が、ジャポニスムだろう。日本から西洋に流れ込む情報の量は、一九世紀中葉期になると、一気に増えた。西洋社会の異国趣味は、その頃、シノワズリーからジャポニスムに大きく転じた。中国への悪意と日本に対する好意が、印刷物を飾る戯画や風刺画などで、対照的に描かれはじめる。

文明開化の商人たち

一九世紀は、万国博覧会の世紀である。先進諸国の主要都市で万博が開催されるたび、西洋社会は、日本の工芸品展示に興味を示した。一八七三年の万博開催地は、ウィーンだった。岩倉使節団が、視察している。随員の久米邦武が、好評の要因分析を試みていた。「是《これ》其一ハ其欧洲ト趣向ヲ異ニシテ、物品ミナ彼邦人《かのくにのひと》ノ眼ニ珍異ナルニヨル、其二ハ［日本の］近傍ノ諸国ニ、ミナ出色ノ品少キニヨル、其三ハ近年日本ノ評判欧洲ニ高キニヨル、其内ニテ工産物ハ、陶器ノ誉レ高シ」といった具合である。

日本製陶磁器の評判は、確かに高い。秀吉の朝鮮出兵時に、彼の地から連れてこられた陶工たちによる技術移転あっての賜物である。維新後、福沢諭吉の勧めもあり、いち早くニューヨークに貿易会社を設立した日本人がいる。森村市左衛門と豊《とよ》の兄弟だった。実家は代々、江戸京橋で武具を扱う商人である。異国で日本の骨董雑貨を商いながら、森村兄弟は、輸出用食器の可能性を確信した。今日オールド・ノリタケと称される海外向け陶磁器の製造会社を設立し、日本にセラミック産業の礎を築いていく。

浮世絵もまた、西洋社会に愛された。木版の技術が、精緻な多色刷りに発展したとき、浮世絵は、錦絵へと名前を転じた。明治の和綴じ本に、〈ちりめん本〉と呼ばれる分野がある。和紙にたてよこの皺を加えて高級呉服のちりめん状に細工を施し、錦絵で飾り、欧文の翻訳が添えられている。商家の次男に生まれ、輸入業者として外国人と接する機会の多かった長谷川武次郎によって、文明開化に新しい商機を見出そうと考え出された。商人には、商人としての気概があった。『桃太郎』や『浦島太郎』のような昔噺、『万葉集』や『古今集』などの日本古典が、絵本の形で海を渡った。翻訳を依頼されたのは、お雇い外国人として日本に滞在中のバジル・ホール・チェンバレンをはじめ、ヘボン式ローマ字を工夫したジェームス・カーティス・ヘボン、小泉八雲として知られるラフカディオ・ハーンなどである。バジル・ホール・チェンバレンは、日本研究分野における当時の第一人者だった。国歌『君が代』の歌詞を英訳し、西洋世界に紹介している。

当時の西洋向け輸出産品のなかでも、絹は、とりわけ大切だった。江戸時代の各藩は、中国からの絹糸輸入を減らす目的で、こぞって領民に養蚕《ようさん》を奨励した。努力が実を結び、明治から昭和初年にかけて、日本は、家畜化された昆虫カイコガの繭から、大きな利益を受け取った。昭和初期が、蚕糸《さんし》業の最盛期である。養蚕に携わる農家の割合は、四割に達した。西洋という新しい通商相手の登場が、経済効果を農家にまで行き渡らせていた。幕末から明治の末年へ、明治の末年から昭和一桁へ、生糸の生産量は、時が移るにつれ、桁をひとつずつ移動する。生半可な増え方ではない。

埼玉県旧渡瀬村の旧家に生まれた原善三郎は、生糸商人として財をなした。岐阜県の庄屋の家に生まれた富太郎は、原家の養子となり、家の財産を大いに増やした。富太郎は、三溪《さんけい》の名でも知られる。横浜本牧に、広大な敷地を持つ庭園・三溪園を造成した。鎌倉や京都の名建築を数多く移築し、無料で一般に開放した。日本画家たちへの支援の労を惜しまなかった。

原三溪ひとりではないだろう。成功した商人たちの多くは、和風の息遣いを大いに愛でた。日本の文化や芸術をこよなく愛した。文明開化にはじまる新たな活力注入は、日本社会が培ってきた音楽・芸能・文化全般に、大きな波及効果を及ぼさずにいられない。

市井の響きの底力

市井には、市井の底力がある。明治の指導層に国家に益なき遊芸と見下されながら、日本の庶民的な音楽は、しっかりと日本の大地に根を張っていた。庶民感覚と一体化した三味線の音色は、明治に入っても、日本各地で鳴りやむことがない。三味線の響きに溢れる歌舞伎の舞台は、演劇近代化の波に洗われながら、日本が研ぎ澄ましてきた美的感覚を、一層洗練させている。一八七九年になると、ドイツの皇孫ハインリッヒ親王やアメリカ前大統領のグラント将軍が、日本の政府要人に付き添われ、新富座に足を運んだ。歌舞伎もまた、能のすぐあとを追い掛け、外国貴賓の接待に利用された。歌舞伎や三味線音楽と強くつながる日本舞踊が、習い事としての需要を引き寄せている。花柳流や藤間流に代表される舞踊分野の流派の数は、一九世紀の中頃時点で、たかだか二〇程度の数にすぎない。明治に増え、大正年間に急増し、二〇世紀のどこかで二百に達した。

幕末に起こった公方様と天朝様の争い事を冷静に見据え、時代の動静を的確につかみ、日本を訪れる外国人ときちんと渡り合える人材を育んできた社会ともども、日本の芸能文化は、しっかりとその命脈を保ち続ける。《君が代》にまつわる語句を用い、新しい節回しを加える営みにしても、そうたやすく終焉の時を迎えようはずがなかった。

俳句の季語や、囲碁の手筋の名に使われ、人々が馴染んでいた言い回しに、〈鶴の巣籠《すごもり》〉という言葉がある。曲名にも用いられた。尺八の古典本曲に、『鶴の巣籠』と題された名曲がある。子を産み・育て・巣立ちをさせる親鶴の喜びや悲しみが描かれている。江戸末になって、胡弓曲に移された。明治に入ると、久幾勾当《ひさきこうとう》の手で箏の手付けが施され、地歌箏曲分野の新曲に姿を転じた。明治新曲の『鶴の巣籠』から、詞章の一部を抜き出してみる。《君が代》の文言の全体が聞こえてくる。

雛鶴もうけし真鶴《まなづる》に、松の緑に千代かけて、鶴の巣ごもり末を待つ。手事　三絃　二上リ君が代は君が代は、千代八千代にさざれ石の、巌となりて苔のむすまで、実に治めばや国とかやな。

三代目河竹新七を作者とする歌舞伎演目に、『忠臣蔵年中行事』という作品があった。明治一〇（一八七七）年に上演されている。歌舞伎舞台の床浄瑠璃の一節や〔Ⓐ〕、囃子連が舞台に居並ぶ祇園の祭礼の情景に〔Ⓑ〕、目出度さと係わりながら《君が代》の一節が使われる。

Ⓐ〽かけまくも何《いず》れ畏《かしこ》き、君が代や、今日元三の大礼に、習うて勅使饗応も、お入りを松の長廊下。しづ〳〵入り来る浅野長矩《ながのり》。

Ⓑ〽〔略〕千代に八千代にさゞれ石の、春木を祝す御祭典。櫓《やぐら》の栄えぞ目出度けれ。

吉備楽は、明治五年に岸本芳秀《よしひで》という人物によって創始された。現在の岡山県が、吉備の国に相当している。旧岡山藩初代藩主池田光政は、雅楽を愛し、自ら笙を吹いた。雅楽が盛んだった岡山藩お抱えの伶人の家に、岸本芳秀は生まれた。雅楽が、吉備楽の土台である。家庭での奏楽に配慮し、琴を大切に扱った。『君が代』と題された曲が、吉備楽の家庭楽中に存在する。

君が代は　君が世は　千代に　八千代に　さゞれ石の、　いわをとなりて　苔のむす　限りなき世と　なるみがた…

五線譜の価値観と、日本音楽の立ち位置

《君が代》の和歌を歌詞に持つ雅楽調の作品は、吉備楽一曲にとどまらない。保育唱歌に二作あり、『君が代』『さざれいし』と題されていた。現在の国歌の原型は、保育唱歌の『君が代』である。旋律を書いたのは、式部寮雅楽課に勤める奥好義《よしいさ》と林廣季《ひろすえ》のふたりだった。個人の作ではない。合作である。様式を共有した匿名性の高い創作過程から、音が立ち昇ってきたらしい。国歌を念頭に作られた曲でもなかった。作曲の経緯を記した文章が、作曲者のひとり、奥好義によって書き残されている。引用しておこう。

牛込御門内雅楽稽古所の玄関側に当直して居た晩の事であつた。廣季氏と自分と両人で相談して作り、廣守氏（林廣季の父親）の名義にしておいたもので、実際の事をいふと、其の時には「君が代」の歌に譜を付けるといふだけの考で、それが国歌であるといふ事は知らずに作つたのであつた。

伶人たちの体に染み込んでいた雅楽流儀の記譜法によって、曲は書かれた。五線譜は、雅楽の楽人にとり、異国の書き文字である。体の内部に染み込んでいない。西洋人ならいざ知らず、

一九世紀中葉期時点の非西洋社会に馴染みがなかった。西洋社会にあっても、近代以降の音楽記述法である。ルネサンスや中世の楽譜の外見は、五線譜とまったく異なる。時代的に新しい書記法といえる。その分、近代的な着想に富んでいた。

五線譜の書き方には、基本的な戦略が存在する。数量化できる側面に限り、音の要素を記号化していた。五本引かれた線の上、または線の間に音階音だけを配置し、音の高さの表記とする。白丸や黒丸の別、更には音符の尻尾の書き方で、音の長さ、つまりは音価を書き表わす。数量化不能な音の要素を一切無視し、書ける事柄だけを記号に変えた。五線楽譜を生んだ合理思考と、近代西洋が獲得した力の源泉とのあいだには、目にみえないつながりが隠されている。ヨーロッパの楽譜がお馴染みの五線になるには、一七世紀の到来が欠かせない。近代科学確立に重要な役割を果たしたニュートンやライプニッツの時代である。科学革命の精神が、五線を生んだ。西洋社会に芽生えた近代文明が、人類のみならず、ヨーロッパにとっても新機軸だった事実と、どこか似ている。

漢字をもとに、片仮名や平仮名のような音節文字の記述法を新しく工夫した社会にもかかわらず、日本の音楽家たちは、音楽用の書き文字を使う際、五線譜的な着想を避けて通った。記述不能な音を排除して音楽を作ろうとする五線譜的音楽発想と、日本伝統音楽の立ち位置は、おおもとにおいて、なにかが違う。

日本の伝統音楽では、音の定量化を絶対視しない。音高の微妙な揺らぎを愛で、音階音以外の音を多用する。数量化不能な〈間〉の感覚を大切に扱う。音の出が、他のパートと絶妙にずれる。節《ふし》は、音高と音価の合成によって作られるのではない。音を生み出す息の巡りが、節を生む。音を揺らす〈ユリ〉と呼ばれる演奏技術に限ったところで、〈荒ユリ〉〈ユリソリ〉〈ユリ合セ〉など、幾つもの用語を分野ごとに使い分け、響きの変化を演出する。音楽現象の仕掛けを説明しようにも、一七世紀の西洋が切り開いた古典的な科学思考では、少々なにかが物足りない。二〇世紀後半期に用いられはじめた〈複雑系〉という科学用語を利用する方が、音楽的実態を眺めるとき、遥かに便利ですわりがよい。

　楽譜には、様式を共有している人たちのあいだだけで用いられる記憶補助用の一群がある。演奏譜の一種といえるだろう。雅楽や、仏教の声明《しょうみょう》の楽譜では、視覚的な折れ線の形に、旋律の動きを表記した。楽譜の呼び名を、〈博士《はかせ》〉という。〈胡麻《ゴマ》譜〉や〈胡麻点〉と呼び習わす楽譜を使う分野もあった。詞章の横に書かれた胡麻状の小さな点が、言葉の由来である。便宜的に付け加えた矢印で、胡麻の傾き具合を強調すると、→や↘や↗のような胡麻の向きによって、旋律型の音の変化が指示されている。ニュアンスに富んだ音の動きの連続が、結果において、五線譜で記述可能な音の高さや音の長さに、自然と触る。情報量の欠損を承知の上なら、習得者の知恵を借り、〈博士〉であれ〈胡麻譜〉であれ、音高と音価だけを抽出して、五線譜の形に翻案できる。

日本式楽譜による幾つもの《君が代》

日本人が歌い継いできた歌の記憶は、文字の形で書き留められた。折々に、楽譜の姿で記録がなされた。《君が代》に係わる歌の楽譜も、数多く蓄えられている。

《君が代》の和歌に付けた一六世紀の旋律線全体が現存する。室町時代の公卿・綾小路資能《すけよし》によって、一五二二年に書き記された。朗詠の専門家・青柳隆志氏の手で、五線譜に解読されている。四拍ごとの音の流れを〈ーーーー〉のように表わし、小節の区切りを〈／〉で表記し、《ーーーー／ーーーー》と四拍子に移ろう拍動に沿い、文字表記の形に直してみる。《きーみー／がーよー／はーー休》という歌詞の流れが、《ミソソー／ソーソー／ソーー休》という音程の変化で歌われていた。更に古い旋律線は、曲の一部に限り、一四四八年の『朗詠九十首抄』の付録譜に記載されている。

織豊期から江戸初期に日本全国で歌われた隆達節小歌の『君が代』には、胡麻点付きの筆写が残る。江戸期に入り、木版印刷が一般化すると、人々の身の周りに、浄瑠璃や長唄の歌本が溢れはじめた。詞章の脇に音の変化を書き記した印刷本が、多数出版されていた。謡曲の謡本も、胡麻点を伴い出回っている。地歌箏曲分野には、音を鳴らす楽器ごとに、独特の記譜法が存在していた。節付けを施され、書物となり、音楽の形を取った《君が代》の様々な姿を、歴史の内部で確認できる。

雅楽様式に限っただけで、《君が代》の和歌に付けられた旋律は、明治時代に三作書かれた。そのひとつ、吉備楽の『君が代』は、明治に生まれた神道系の宗教・金光教との結び付きが強い。《君が代》の和歌に引き続き、延々と詞章が紡がれていた。日本全域で歌う歌としての普遍性に乏しい。保育唱歌の一曲、東儀頼玄《よりはる》作曲の『さざれいし』にも、難点がある。楽譜をみると、歌の音域が、一オクターヴ半と極めて広い。ときとして、言葉の一音節に四つ五つの音符が当てはめられていた。《君が代》の和歌を構成する三二の音節数に対し、音の高さや長さを変えて動いている音符の数が、六〇を超え出る。当然ながら、歌いにくい。

雅楽に立脚した三曲のなかで、最も一般に向いた作りを持つのが、奥好義と林廣季の『君が代』である。一オクターヴと全音の範囲に、音域が収まる。音符の数は、四〇と少ない。かなりの割合で、歌詞の一音に、音符の一音が対応していた。作曲者たちは、〈ユリ〉や〈アタリ〉のような伝統的装飾技巧を脇に置いて、曲を作った。西洋音楽文化の影響あっての出来事である。『君が代』の歌の旋律線は、日本音楽と西洋音楽が交差した地平を足場に、生まれ出てきた。

『君が代』の歌と日本の音楽伝統

伶人たちの『君が代』は、曲調を通して、明治をしっかり刻印している。同時に、そこかしこから、《君が代》の歌を歌い継いできた歴史の匂いが立ち昇る。伝統とのつながりも、至る所に残された。

和歌の言葉は、〈五・七・五〉に〈七・七〉を加え、〈五・七・五／七・七〉〔Ⓐ〕の形で組み上がる。〈五・七〉の一組を反復し、最後に〈七〉を加え、〈五・七／五・七／七〉〔Ⓑ〕のようにも組み立てられる。第二章で紹介しておいた興福寺延年の〈遊僧拍子歌〉は、庵点《いおりてん》〽の記号を用い、〈五・七・六・七・七〉からなる《君が代》全三二文字を、〈五〽七・六・七〽七〉〔Ⓒ〕のように分節していた。詩句の分け方には、幾つもの方法がある。庵点を利用し、現行の『君が代』の歌詞を使い、微妙に異なるみっつの区分けを並べてみよう。伶人たちの『君が代』の旋律は、基本において、〈遊僧拍子歌〉〔Ⓒ〕の形を踏襲していた。

Ⓐ君か代は千代に八千代にさざれ石の〽いわおとなりてこけのむすまで
Ⓑ君か代は千代に八千代に〽さざれ石のいわおとなりて〽こけのむすまで
Ⓒ君か代は〽千代に八千代にさざれ石のいわおとなりて〽こけのむすまで

今日、一般に「千代に八千代に」と記される部分は、多くの人に、「ちよに／やちよに」と分けて読まれる。歴史を遡ると、「ちよにや／ちよに」と読む人の数が少なくなかった。〈ちよ〉の繰り返しを強調したいためである。江戸期、御船歌が「ちよにや／ちよに」を愛用し、「ちよに／やちよに」は、長唄や地歌箏曲で好まれた。現行の『君が代』の旋律に乗せ、実際に口ずさんでみれば、「ちよにや／ちよに」と「ちよに／やちよに」のどちらの方が歌いやすいか、すぐに納得できるはずである。伶人たちの『君が代』は、人口に膾炙した俗曲の分節を受け継いだ。国家に益なき遊芸で用いられた口調が、いつの間にか、日本国歌のなかに入り込んでいる。

言葉の分節と旋律付けの微妙な関係は、歌詞の「さざれ」と「石」のあいだにも存在する。〈小さな〉の意を持つ接頭語、〈さざれ〉が〈石〉の前に付き、〈さざれ石〉である。伝統の語感や息遣いは、『君が代』の曲を作った雅楽の楽人たちの体に染みついている。もし、〈さざれ石〉が分断不能な一語なら、作曲者たちは、別種の節付けで曲付けしていた。かつての日本人の耳にも、〈さざれ石〉は、〈さざれ／石〉だった。江戸期に作られた長唄の『難波獅子』や『老松』の作曲者たちは、「さざれ〜〜」のように、〈れ〉の音を長く引き伸ばすことで、〈さざれ石〉への旋律付けを処理している。保育唱歌『さざれいし』の旋律を書いた東儀頼玄は、「さざれ」と「石の」のあいだに、はっきりと休符を入れた。

五線譜に直された国歌『君が代』の楽譜は、フラットもシャープもない四分の四拍子で、巷間に流布している。調性や拍子が単純化され、簡潔な外観である。そのため、五線を用いずとも、片仮名表記で音が記せる。一拍（四分音符）を通常の一文字で表わし、半拍（八分音符）の長さはソラやソミのように小さく示す。音の伸ばしは、音符の長さの表記に準じて、〈ー〉や〈ーー〉のように記述しておく。線が添付されたドやレは、通常表記のドとレのオクターヴ上の音とお考えいただきたい。旋律と歌詞は、次のようになる。

旋律　レドレミ／ソミレー／ミソラソラ／レシラソ／ミソラー／レドレー／
　　　ミソラソ／ミーソレー／ラドレー／ドレラソ／ラソミレー＝

歌詞　きみがー／よーはー／ちよにーー／やちよに／さざれー／いしのー／
　　　いわおと／なーりてー／こけのー／むーすー／まーーでー＝

ヨーロッパ近代の音楽では、通常、中心音をドの音に置いた。ミの音がそのままなら長調、ミを半音下げれば短調となる。『君が代』の旋律は、音名のレに始まり、レで終わる。『君が代』の歌は、日本の音組織で作られた。一小節ごとの音名の組み合わせに、ひとつとして同じものがない。一小節目の〈レドレミ〉も、二小節目の〈ソミレー〉も、出現回数は一回にとどまる。同じ音名配列を曲中に何度も用い、曲のまとまりを考える近代西洋の構成法と、異質な論理で構築されていた。西洋音楽に頻出する四小節単位の旋律でもない。〈五〳〵七・六・七〳〵七〉に区分けされた一一小節は、二小節＋六小節＋三小節で組み上げられ、独特な曲調を生む要因となっている。音節数三二、小節数一一の曲だから、曲は自然と、遅いテンポのものにならざるを得ない。

時代の転換期に

奥好義や林廣季の周辺にいた明治の音楽人のひとりに、恒川鐐之助《りょうのすけ》という人物がいた。徳川御三家尾張藩の雅楽の家に生まれ、音楽取調掛とも係わった。のちに愛知県に戻って、地域の音楽活動に力を注ぐ。この時代、まだ地方分権的な気概が、日本全国に横溢している。一八八八年のこと。校閲者及び撰曲者として、恒川は、愛知県のためだけの『普通唱歌集』出版に携わった。〈普通〉の〈唱歌集〉の〈六曲目〉の歌として、現行の国歌『君が代』の旋律を収録している。歌詞は、三番まで存在する。イギリスの作曲家サミュエル・ウェッブのメロディを用いた小学校唱歌と、二番までが同じである。三番として、『新古今集』の和歌が付け加えられていた。「千代ともささじ」の語に永遠を念じ、祝いの気持ちを膨らませている。

きみが代は。千代ともさゝじ。天の戸や。いづる月日の。かぎりなければ。

歌を歌うのは、生きた命にほかならない。歌は命とともにあり、命は社会のなかにある。日本の歴史を通し、《君が代》の言葉は、曲付けを変えて歌われ続けた。異なった音の移ろいとともに、幾つもの『君が代』や《君が代》が作られ続け、明治になっても、その営みが止まらない。奥好義と林廣季が節付けをした『君が代』は、一曲だけの孤立峰ではなかった。『君が代』の歌を育み続けた日本伝統の山並みに、しっかりと連なる。他の『君が代』と同じ養分が、保育唱歌の『君が代』にたっぷりと染み渡っている。愛知の唱歌集への転用が暗示するように、評判も悪くなかった。

日本の伝統音楽分野は、明治期に入り、転換期の波を大きくかぶった。伝統が再編され、雅楽は、今日の雅楽となっていく。能も、猿楽から能楽に転じた。歌舞伎に、新時代の工夫が加わる。明治の刻印を刻み込んで、日本の伝統音楽の今が存在する。厚い時間の堆積に支えられた伝統音楽分野でさえ、時代の渦中に、それぞれが新しい展開を模索している。歴史や社会から大きな滋養を汲み上げながら、明治になって、新しい文明開化の『君が代』が、雅楽の伶人たちの手で世に出された。一旦作り上げられると、曲は、作り手たちの手を離れ、社会のなかで呼吸をはじめる。曲の前には、時代の嵐が待ち構えていた。

第五章

国際社会の渦へ

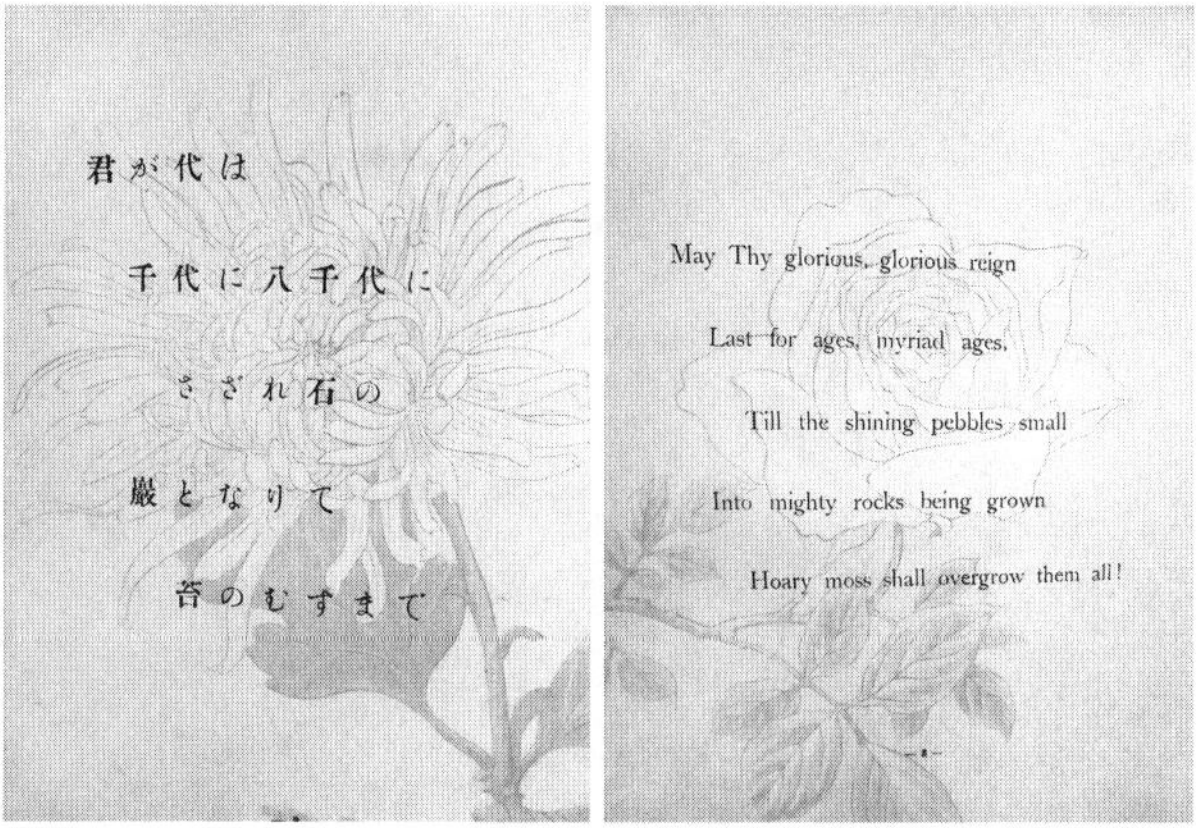

『日英新婚　むつきの巻』より（223～224頁参照、鶴見大学図書館所蔵）

一　一九世紀の国歌事情

海外への門戸開放と国際法

江戸から明治にかけてのハワイは、君主国である。ハワイ人を王にいただき、国名をハワイ王国といった。太平洋を遥か東に進むと、最初に出会う日本の隣国である。社会も文化も、東アジアと大きく異なっていた。

ハワイ諸島は、広大な北太平洋のど真ん中、ユーラシアと北アメリカ大陸をつなぐ中継点に位置する。アラスカを国土の一部としていた昔のロシアは、ハワイの港を寄港地として使用した。太平洋地域に触手を伸ばしたイギリスやフランスも、ハワイで、自国の船を休ませた。一九世紀の四〇年代になると、ハワイを訪れる船の大半が、米国船に変化する。小国の運命は、苛酷だった。ハワイ諸島が統一され、一七九五年に姿を現わした王国は、一九世紀末の一八九八年、アメリカ合衆国に併合されて姿を消した。

日本とハワイ王国は、いっとき、親密な近隣外交関係に心を砕いた。幕末の遣米使節が、途中ホノルルに立ち寄り、ハワイ第四代国王カメハメハ四世に拝謁している。一八七一年には、両国間で〈日本布哇（ハワイ）修好通商条約〉が締結された。第一条と第二条で修好通商を謳い、第三条で外交領事関係を設定し、第四・第五条でハワイへの最恵国待遇やパスポート発給義務などを約束している。アメリカによるハワイ併合の折にも、国際的なバランスを崩すという理由を掲げ、日本は抗議の意を表明した。

ハワイ第七代国王カラカウアが、日本を訪れた最初の国家元首である。それまでに幾人かの外国貴賓を迎えていても、元首の来訪となると、特別だった。国際間の約束事に則って儀礼を執行するため、日本政府は、作られて間もないハワイ王国国歌の楽譜を大急ぎで取り寄せた。海軍軍楽隊がにわか仕込みに練習し、横浜大桟橋で国歌吹奏を行った。憲法制定論議が高まるなか、議院内閣制を目指すか、君主大権を残すか、近代日本の国家構想を巡る政争に決着が付く一八八一年の出来事だった。

この時期、西洋育ちの近代国際法が、国と国との関係を律する上で、大きな役割を演じていた。徳川政権が西洋諸国に門戸を開け放つと、日本は、事実上、近代国際法の跋扈《ばっこ》する世界環境を、自身の課題として受諾した。西周助という人物がいる。のちの西周《あまね》である。幕府によってヨーロッパに派遣された海外留学生のひとりだった。オランダでシモン・フィッセリングに国際法を学び、師の名を〈畢洒林〉と表記して、四冊からなる和綴じの訳本『官版万国公法』を世に問うた。江戸幕府最後の年に当たる一八六八年のことである。

西周助の訳本に四年先立ち、国際法の漢訳本が、北京で出版されていた。中国在住の宣教師アレクサンダー・パーソンズ・マーティン（丁韙良）訳によるヘンリー・ホイートンの『国際法原理』である。出版早々、日本に運び込まれている。他の著作からの日本語翻訳も試みられた。箕作麟祥《みつくりりんしょう》は、一八七三年に、テオドール・ウールシーの著書を、『国際法・一名万国公法』の書名で世に問うた。西洋の力に立ち向かうため、国を担おうとする若者たちは、論理武装に法感覚を磨かざるを得なかった。坂本龍馬の言によると、これからは万国公法の世の中である。勝海舟の日記中には、諸侯に《万国公法》を進呈した記載がみられる。日本の扉をこじ開けた西洋の国々は、必ずしも、異文化に寛容な、無条件に善良な友人だったわけではない。

当時の国際法の著作には、国家間の交際における君主の役割が記載されていた。西周助訳『官版万国公法』第四巻第一章第一節をみると、「君主身親《みずか》ラスル所の交際或ハ会合或ハ翰牘《かんどく》（文書のこと）往復ノ事ハ皆典式ニ憑遵《いしゅん》（準拠）シテ始テ可ナリ」と書かれている。君主たちの個人的な関係が、国と国との重要事を処理する上で、大切な役割を演じていた。箕作麟祥訳の『国際法』を繙けば、「外国君主ノ来臨」に関し、「是レ交際礼儀ノ要《かなめ》トスル所」との記載がみられる。ハワイ国王の来日に応じ、日本政府がハワイ王国の国歌の準備にいそしんだ裏には、それ相応の事情が隠されていた。

ハワイ王国国歌『ハワイ・ポノイ』は、一八七四年に作られた。「ハワイの民よ、汝の王に忠実たれ」と、歌詞は歌う。カラカウア王自身の詩に、お雇い外国人としてハワイの宮廷楽団楽長の任にあったヘンリー・バーガーが曲を付けた。米国ハワイ州の州歌として、今でも用いられている。プロイセンに生まれた音楽家の手になる三拍子の旋律は、どこまでもヨーロッパ的であり、ポリネシア伝統への気配りが感じられない。

ハワイ王国は、王国の生き残りに懸命だった。お雇い外国人の力を借り、急速な近代化を模索していた。西洋風な国歌に、ハワイ王国の努力の跡が偲ばれる。ハワイは、小国である。人口にも限りがあった。外国人の力を借りれば借りる程、異邦人たちの手の内に、統治の実権が移管していく。やがて、国まで奪い取られた。近代に消滅した日本近隣の王国は、ハワイ王国一国にとどまらない。尚氏《しょうし》の王統が国を治めていた琉球国も、近代に入って姿を消した。琉球国は、薩摩藩に従属しながら、清国への朝貢関係を維持し続け、一八七一年の琉球処分に至るまで、名目上の独立を確保している。ハワイ王国は、アメリカ合衆国に飲み込まれた。ハワイ併合に遥か先立ち、日本が、琉球の王国を自国の一部に組み込んだ。

文明・半文明と君主たち

一九世紀の中頃を見渡すと、多くの国に、統治者として王がいる。人類社会の基層を色濃く残す地域に、部族的な王国が、数多く残存していた。族長の治める地域も少なくない。ハワイや琉球は、王国だった。東南アジアには、ベトナムの阮（グエン）王朝や、当時シャムと呼ばれたタイのチャクリー王朝などがある。ヨーロッパとて例に漏れない。大半の国が、国王や皇帝たちによって統治されていた。「是ヲ又五太国ト云《いう》」との記述が、『官版万国公法』第二巻第一章第六節にみられる。「英咭利（イギリス）法朗西（フランス）澳地利（オーストリア）普魯斯（プロイセン）俄羅斯（ロシア）ヲ推ス」と書かれ、具体的な国名が列記されている。当時のイギリスは、ヴィクトリア女王の時代だった。フランスは、第二帝政期である。ナポレオン三世が皇帝の地位にいた。ハプスブルク王家が、オーストリア帝国を支配した。プロイセン王国では、ヴィルヘルム一世のもと、鉄血宰相ビスマルクが辣腕を振るっている。ロシアの大地に君臨していたのは、ロマノフ王家である。

五大国は、いっとき、そのすべてが君主国だった。君主国にして、一等国である。一等国とは、『官版万国公法』によると、勢力が強大なため、「事（時）勢ノ向背《こうはい》（成り行き）ヲ定ムルニ足レル諸国」を意味する。遣欧使節団を率いて欧州各国を観察した岩倉具視は、宰相ビスマルクから忠告を受けた。時勢を定むるに足る一等国なら、「己ニ利アレハ、公法ヲ執《とら》ヘテ動カサス、若《も》シ不利ナレハ、翻《ひるがえ》スニ兵威ヲ以テス」との内容である。日本を背負ってヨーロッパを巡った岩倉具視の公法感からも、充分に理解可能な言葉だったと思われる。近代国際法は、紛争の解決手段として、戦争を是認していた。現代国際法とは、大きく異なる。

この時代、ヨーロッパの諸国家は、アジアやアフリカの国々に対する態度を、文明の発達状態を基準に使い分けた。未開という烙印を押し、支配の対象にするか。外交能力のない半主権国とするか。国家承認はするものの、不平等条約を激しく課すか。以上みっつのうちのひとつである。一八七三年の国際法学会は、〈慣習国際法の東洋諸国への適用〉という論題を巡って議論を戦わせた。国際法は、元々キリスト教文明国家間の決め事である。果たして、適用範囲が、非キリスト教半文明国にまで及ぶものか否か。論争の軸は、このあたりにあった。アジアの西と東に位置し、しばらく前まで文明の中心地を誇った大国ふたつ、イスラム世界のオスマン帝国と、中国の清帝国は、半文明国家に仕分けされていた。極東の島弧地帯にも、半文明とみなされた国が存在する。勿論、日本をおいて、ほかにはない。

非西洋世界の国歌対応

オスマン帝国や清国には、独自な世界秩序感覚が存在していた。イスラム世界をみると、異教徒共同体との関係を規定するイスラム国際法がある。中華世界の国際間関係は、朝貢システムによって律せられていた。中国の隣に位置する日本に、国際法感覚の持ち合わせはない。そのためか、さしたる葛藤を感ぜずに、日本は、西洋流儀の近代国際法を受け入れた。しばらくすると、近隣諸国に向けて、学び取った国際法を適用するまでになっていく。半文明とみなされた国のうち、日本だけが、いち早く西洋社会に追いついた。ヨーロッパに赴いた岩倉使節団の面々は、先進ヨーロッパと後発日本のあいだの距離感を、おおよそ半世紀弱と判断していた。イギリスやフランスの先進性に圧倒されながら、西洋の後進地域、ドイツやロシアを体験し、充分に追走可能と感じたらしい。

オスマン帝国は、ヨーロッパ世界に隣接していた。西洋文化の導入時期は、日本に比べて相当早い。一八〇八年に即位した皇帝マフムト二世は、軍隊の近代化に努め、伝統的なトルコ軍楽を廃した。一八二八年にイタリア人音楽家ジュゼッペ・ドニゼッティを招聘し、西洋音楽の指導に当たらせた。ジュゼッペ・ドニゼッティは、イタリア歌劇を代表する作曲家のひとり、ガエターノ・ドニゼッティの兄に当たる。トルコに赴いたイタリア人は、西洋式の皇帝用礼式曲を作曲した。マフムト二世が死ぬと、皇帝の位を継いだアブデュルメジト一世のために式典曲を新たに作った。欧州に軍楽吹奏を伝えた国の儀式用音楽である。行進曲であり、歌詞を持たない。西洋化を推進した父と息子用の二曲のうち、息子のための作品が、今日一般に、オスマン帝国最初の国歌と認識されている。

オスマン帝国と異なり、清王朝は、正式な国歌の必要性をあまり感ぜず、一九世紀という世紀をやり過ごした。強すぎる自負心、ヨーロッパからの距離などに要因があったのだろう。国歌の実用性は、艦船の識別などに使う国旗に比べて遥かに低い。臨時の措置でも、名目が立った。日清戦争の敗北を受けたナショナリズムの高まりを機に、清国国内で、国歌を求める声が強まりはじめる。隣国日本が国歌を持つことも、国歌作りの背中を押した。この時期、中国では、〈国楽〉という言葉で〈国歌〉を表わす。一九一一年に書かれた礼部の上奏文を抜き書きしてみたい。訳は、小野寺史郎氏のものである。

東西列邦は国楽をすでに頒布し、あらゆる陸海の軍隊および外交上の公的な宴席で必ず一律に通行しており、〔略〕変更をゆるさない。〔略〕礼部がさきに出使各国大使に要請して楽譜を求めることを上奏したので、欧州及び日本等の国楽の楽譜がつぎつぎと送られており、共同で討議して詳細に検討した。

検討の結果生み出された曲が、中国の歴史上最初の正式な国歌となった。曲名を『鞏金甌《きようきんおう》』という。天空を覆う黄金の甌《かめ》の意で、中華帝国を意味した。中国伝統の詩体で書かれた歌詞に、中国風な旋律が添えられる。非西洋的な曲調による最初期の国歌のひとつだった。完成は、孫文による辛亥革命の直前である。生まれたての新しい国歌は、清国ともども、歴史の彼方に沈んでいかざるを得ない。

国歌の文化は、近代の西洋社会を母体に芽を吹いた。近代国際法感覚から養分を得、国家儀礼用の文化装置として成長した。国王や皇帝の時代に誕生した音楽装置である。君主用礼式曲としての役割が、極めて大きい。国歌が複数吹奏されるときには、名目上、互いに対等であることを建て前とする。不平等を強いられながら、半文明国家には、主権があった。国歌への対応機会が、折々に生じる。下位に置かれて支配されると、国歌という装置が、そもそも要らない。ハワイ王国の西洋風国歌は、自立を目指した小国の努力を示す例外である。半文明とみなされたオスマン帝国・中国・日本の国歌導入に向けての道筋は、時間差も含め、三者三様別々だった。

一九世紀に作られた国歌の作曲家は、まず無条件に、ヨーロッパ系の白人である。コーカソイド人種の音楽家たちが、ヨーロッパや新大陸諸国の国歌を作る。いったん西洋文化圏の外に出ると、西洋様式の音楽技巧を身に付けた人材が、西洋人たちの手に独占されていた。非西洋圏の国歌作りは、外国人音楽家を用いない限り、不可能事に等しい。ハワイ王国やオスマン帝国は、ヨーロッパ系音楽家を自国に招き、国歌となる曲を作らせた。列強の緩衝地帯に独立を維持したインドシナ半島のシャム王国も、仕分け上、半文明国に属する。一九世紀に自国風の礼式曲を模索したあと、二〇世紀に入って、ロシア人音楽家ピョートル・アンドレーヴィッチ・シチュロフスキー作曲の国王賛歌を国歌とした。国名をタイと変えて以降の新国歌の作曲家は、タイ名をプラ・チャン・ドゥリヤーンという。父親は、欧州出の音楽家である。現在のタイ国歌は、ペーター・ファイトとのドイツ名を持つ人物によって作られた。

西洋人音楽家と『君が代』

日本の『君が代』は、清国国歌に先立つ非西洋風な国歌である。ヨーロッパ系白人の曲ではない。式部寮雅楽課の伶人ふたりが作曲した。自国の音楽伝統を礎とし、一八七八年に節付けされた。歌詞もまた、千年に及ぶ歴史を有する。

現行の国歌『君が代』を巡る物語には、幾多の紆余曲折が存在している。日本で職を得た外国人音楽家たちも、曲の成り立ちに力を添えた。一八六八年に来日した英国陸軍第一〇連隊第一大隊付属軍楽隊長ジョン・ウィリアム・フェントンが、国歌誕生の口火を切った。一八七九年に海軍省の招聘で来日したドイツ人音楽家フランツ・エッケルトの音楽能力を加え、曲はようやく、今日の形にたどり着く。

フェントンの生国は、国歌文化揺籃の地・大英帝国である。薩摩藩との関係を深めた軍楽隊長は、母国の王族来訪に際して、ひとつの質問を日本に発した。日本に国歌はあるかとの問い掛けである。国立歴史民俗博物館が所蔵する『紀元二千五百四十年明治十三年国歌君が代之起源』から、文章の一部を引用してみよう。音楽取調掛の一員・辻則承《のりつぐ》が残した言葉を通して、その折の概略に、おおよその察しがつく。

英国ノ楽長某〔姓名記臆セズ〕ガ、欧米各国ニハ皆国々ニ国歌ト云フモノガ有ツテ、総《すべ》テノ儀式ノ時ニ其《その》楽ヲ奏スルガ、貴国ニモ有ルカト、我ガ一青年ニ問フタ、青年ガ之ニ答ヘテ、無イト云フタレバ、楽長ノ曰ク、其レハ貴国ニ取リテ甚ダ欠典《けつてん》デ在ル、足下《そつか》（貴殿と同じ意味）宜シク先輩ニ就《つ》イテ、国歌トモ為ルベキ歌ヲ作製スルコトヲ依頼スベシ

事の成り行き上、提案者のもとに、国歌作曲の依頼が跳ね返ってきた。フェントンの前に歌詞として提示されたのが、《君が代》の詩文である。ハワイ王国国歌『ハワイ・ポノイ』の場合同様、ヨーロッパ諸国の国歌に倣った新しい言葉が示されたのなら、軍楽隊長の課題も、さほど難しくはなかったろう。オスマン帝国国歌のように、歌のない行進曲の作曲で済めば、事態はより一層単純だった。

《君が代》は、僅か三二文字の古歌である。音節数が極端に少ない。西洋の国歌に比べると、使える音符の数に限りがあった。フェントンは、二分音符が延々と連なる教会聖歌風の歌を書いた。一六小節の旋律のうち、二分音符以外の音符は、区切りを示す八小節目と一六小節目の全音符、一四小節目に使われたふたつの四分音符の計四個にすぎない。あとのすべてが、二分音符である。和音の連鎖として態をなしても、日本語の歌としては、如何ともし難かった。

イギリス人音楽家の手になる一八七〇年作の曲の評判は、当初から芳しいものではない。フェントンの『君が代』に代わる歌を求めて、海軍が、式部寮雅楽課に依頼を発した。事情を知らずに作られた楽人ふたりの曲が、フェントンの曲と差し替えられた。ふたりの音楽家の上司、林廣守の名で発表され、来日して間もないドイツ人音楽家フランツ・エッケルトによって編曲が施された。エッケルトの編曲は、序奏と曲の最後を、単旋律に工夫してある。曲全体が、西洋式和声で塗り込められていない。日本を知った西洋人らしい音楽的配慮と思われる。エッケルトの手を経た『君が代』は、楽譜化されると、英語やドイツ語で、表紙に『日本国歌——古い日本の旋律による』と曲名が記された。"National Hymn composed on an Old Japanese Air"や、"JAPANISCHE HYMNE ~ NACH EINER ALTJAPANISCHEN MELODIE"と印刷されている。作曲者名は、フランツ・エッケルトである。編曲者が、作曲者と処遇されていた。総譜を書く音楽能力を伴い、はじめて作曲家だったのだろう。当時の日本人には、及びもつかない。

楽譜が出回って以降、近代に入って作られた新しい『君が代』は、海外でよく知られた日本のメロディのひとつとなった。イタリアの歌劇作曲家ジャコモ・プッチーニは、一九〇四年初演の歌劇『蝶々夫人』に、『君が代』の一部を使用した。ロシアの作曲家アレクサンドル・グラズノフは、一九一四年作の『連合国国歌によるパラフレーズ』中に、フランスやイギリスや帝政ロシアの国歌ともども、『君が代』を引用した。第一次世界大戦時の連合国国歌をつなげた接続曲である。フランスの作曲家たちも使った。フランス語訳の『君が代』が、クロード・ファレールの人気小説を原作とする歌劇のクライマックスを飾り、混声合唱で歌われる。ドビュッシーの『小組曲』を管弦楽用に編曲したアンリ・ビュセールは、ハープ曲の『日本のメロディ』による即興曲』のなかで、『君が代』の旋律を借用した。

明治が受け止めた列強諸国の国歌たち

一九世紀の西洋の国歌をみると、歌詞に時代の色が濃い。互いに似た特徴を共有している。君主を称え、国土を賛美し、敵や自国民の流血を求める。当時の五大国のひとつ、第二帝政期・ナポレオン三世時代の法朗西（フランス）国歌は、『シリアへの旅立ち』と題されていた。現在の国歌とは、別物である。英雄ナポレオン・ボナパルトによるエジプト遠征の栄光を歌詞とし、軍事的な成功を称える。五大国のもうひとつ、普魯斯（プロイセン）国の国歌の歌詞は、「吾はプロイセン人、プロイセン人たらん」と、祖国への愛を高らかに謳い上げていた。曲名を『プロイセンの歌』という。

明治時代が受け止めた西洋の国歌の内容は、当時の日本語訳で確かめられる。一八八二年に作成された音楽取調掛の文書から、五大国の国歌の歌詞を、三例抜き出す。澳国（オーストリア）国歌〔Ⓐ〕、魯細亜国（ロシア）国歌〔Ⓑ〕、英吉利国（イギリス）国歌〔Ⓒ〕の一部である。

訳された言葉の語感は、明治が向き合っていた西洋諸国の一面にほかならない。明治の感覚は、明治の言葉とともに眺めてみるのが一番だろう。

Ⓐ輝ける、国の光りを見んことは、愛国赤子の所願なり、真理と名誉を全うして、身の一生を終えんこそ、愛国赤子の職務なれ、独立雄偉の国体を、永遠無窮に伝えてよ、吾億兆の同胞も、其民たるを喜ばん」

合唱 独立雄偉の国体を、永遠無窮に伝えてよ、吾億兆の同胞も、其民たるを喜ばん、

Ⓑ嗚呼、全慈全愛なる上帝よ、世俗の者は汝の教えに背きたり、汝の戒め破りたり」

合唱 烈しき怒を押鎮め、免じ玉いて安全に、すごさせ玉え我神よ、

世俗の者は、危き時に救われし恩人を、謝して必ず忘れまじ」

合唱 烈しき怒を押鎮め、免じ玉いて安全に、すごさせ玉え我神よ、

Ⓒいとも尊き我君を、守らせ玉え大神よ、み恵深き我君は、千代ませ八千代いませかし、神よ我君を守らせ玉え、三軍常に勝を得て、さきはえゆかん、我君の、御代万歳と祈るなり、神よ我君を守らせ玉え、

ユーラシアの西と東で、国歌の歌詞の内容に、大きな違いが存在していた。西洋の国歌と異

なり、《君が代》の歌に含まれる言葉は、元々、民心を鼓舞する目的で紡がれていない。いくさの場とも縁遠かった。

歌詞選択への道のり

日本では、世の安寧を祈る歌や、命長かれと願う歌に、昔から「き・み・が・よ」という音の並びを好んで用いた。古くは、万葉の歌にみて取れる。例えば、あなたと私、岡の草で結び付けたふたりの命が末永くありますように、と願う歌である。

君が代もわが代も知るや磐代《いわしろ》の岡の草根《くさね》をいざ結びてな
〔万葉仮名：君之歯母　吾代毛所知哉　盤代乃　岡之草根乎　去来結手名〕

花を散らす向こうの山の嶺が、海辺の洲に変わる程の永遠の命を、と祈る歌もあった。大切な人を想って歌われている。

花散《ぢ》らふこの向《むか》つ嶺《お》の乎那《おな》の嶺《お》の洲《ひじ》につくまで君が齢《よ》もがも
〔万葉仮名：波奈治良布　己能牟可都乎乃　乎那能乎能　比自尓都久麻提　伎美我与母

賀母〕

『古今集』に収められていた和歌をもって、多くの人が、《君が代》の初出と考える。《君が代》の言葉の内容は、万葉びとの心に通じていた。〈君〉と呼ばれる人の長命と係わる予祝の歌である。『古今集』の歌は、〈算賀〉と呼ばれる宴席との関係が深い。〈算賀〉は、長寿の祝いだった。アジア各地も、日本同様、長寿を愛でる。中国雲南省に住むタイ族の人々は、〈ダン〉と呼ばれる祭りで長寿を祝う。職業歌人ザッハンを招いた宴席の模様が、中国少数民族の音楽記録として映像化されていた。年長者の祝いに参集した人々が、高齢を成就した老人から福と寿を授かる。芸能を介して福や寿を受け取る習慣は、アジアの各地に見受けられた。日本も好んだ。芸人たちが、〈君が代〉の語句を用い、祝福芸を演じていた。

自然の恵みを音楽で囃す習俗も、日本だけに限られていない。世界各地に遍在する。日本の古社のひとつ、伊勢神宮には、海産物を神に奉るときの舟唄〈贄海《にえうみ》神事歌〉の記録が残る。詞章をふたつ〔ⒶⒷ〕、抜き出しておこう。

Ⓐ我が君の　御坐《おわしま》さむことは　細石《さざれ》の　巌となりて　苔の生すまで
〔原文：和加君ノ　於波志万左牟古止者　左々礼石ノ　伊波保止奈利テ　古遺ノ牟須万

天〕
Ⓑ我が君の　命を請はば　細石《さざれ》の　巌となりて　苔の生すまで　ゐいや　ゐいや三度
〔原文：我君ノ　命ヲ乞ハ　左左礼石ノ　巌ト成テ　苔ノ生万天　恵伊耶　々々々三度〕

『君が代』の歌の語句、またその周辺にある類似の言葉は、歴史を通して日本社会の至る所に行き渡っていた。徳川将軍の住まう江戸城にも入り込んだ。大奥勤めをした女性たちに取材して書き上げられた太田贇雄《よしお》と永島今四郎の『江戸城大奥』には、目出度さを祝い、天下泰平を願う正月の祭事の模様が書かれている。

装束終りて後当番《とうばん》の中臈《ちゅうろう》御坐の間へ注連飾《しめかざ》りしたる白木造の盥《たらい》と湯桶《ゆとう》とを備へ御案内申上ぐ軈《やが》てお着坐《ちゃくざ》の後中臈は湯桶を取上げる御台所《みだいどころ》は手を出し湯を受くる真似《まね》して
君が代は千代に八千代にさゞれ石の
いはほとなりて苔のむすまで
と唱へ扨《さ》て両手《りょうて》を額際《ひたいぎわ》迄上げて御拝《ごはい》す是れ御清めの式也

幕臣出の軍人・沢鑑之丞《かんのじょう》の本に、『海軍七十年史談』という一冊があった。国歌の歌詞選択の経緯が記されている。年長の旧薩摩藩士・原田宗助からの聞き書きである。フェントンの質問に対する日本側の対応にほかならない。大奥正月の《君が代》が引き合いに出され、「最もよろしいだらうと評議が一決した」とある。

大奥と同種の祝いは、〈おさゞれ石の儀式〉と呼ばれ、国持ち大名たちの奥向きでも行われていた。吉祥に絡んで日本社会に浸透した《君が代》の詞章は、大名家や将軍家の行事に権威付けられ、国歌の歌詞に選び取られた。国歌の歌詞の出典と考えられているのは、〈おさゞれ石〉ひとつではない。候補の他のひとつに、薩摩琵琶楽『蓬萊山』がある。大奥の〈おさゞれ石の儀式〉であれ、前章に詞章を引用しておいた『蓬萊山』であれ、直接の出どころがそのどちらであったにしろ、両者とも、目出度さを寿ぐ内容である。『蓬萊山』の文言は、《君が代》の言葉を受け取り、更に、「弓は袋に剣は箱に蔵《おさ》め置く」と先を続けた。平和を願う心根が、日本国歌の歌詞の根っ子に充満している。

国歌『君が代』の文言は、大名以上の奥向きの正月儀式で、女性たちによって唱えられた。寺社の白拍子芸や瞽女《ごぜ》唄などが、日本各地で《君が代》の詞章を吟じていた。白拍子も瞽女も、女性である。維新後の日本は、国歌の歌詞に、女性の口から発せられていた言葉を選んだ。一九世紀に、女性の言葉を国歌とした国は、絶無に等しい。平和を願う歌も、国歌のなかの例外である。《君が代》の古歌は、祝儀や吉祥の意を詞章の周りにまとわりつかせ、かつての日本で、目出度い席の歌を代表した。下々のみならず、上つ方も好んで用いた。大切なときや、重要な機会に歌われ続けた。歌われ続けた事実の重みに支えられ、国際儀礼に耐えうる日本の言葉として、歌詞選択の網の目に引っ掛かった。

明治初年の国歌『君が代』

西洋の大国の国歌のなかでは、イギリス国歌が、《君が代》の歌詞と微妙に似ている。君主の命の長からんことを願う部分が、明治の翻訳で、「み恵深き我君は、千代ませ八千代いませかし（Long live our noble Queen）」と訳されていた。女王の治世の長きことを祈る言葉は、明治の語感で、「我君の、御代万歳と祈るなり（Long to reign over us）」と表現された。ヨーロッパの国歌に倣い、〈君〉を〈大君〉や〈君主〉と読む限り、伝統に培われた「君が代は千代に八千代に」の語句は、そのまま、イギリス国歌の詩の内容と重なり合った。

当時の日本で、世人のすべてが、「君が代」の〈君〉に〈君主〉の意を感じ取ったかどうかは知らない。日本で歌われ続けた《君が代》の〈君〉は、必ずしも〈君主〉の〈君〉を意味しないし、巷で響く日本の伝統音楽は、従来の意味のまま、〈君が代〉の言葉を使い続けている。江戸期の大道芸人たちは、〈君〉の語を「君と我とハ亀山の」などの言い回しに用い、人集めの口上を行っていた。二人称と一人称の一対として、吉田松陰の松下村塾が、〈君〉と〈僕〉

との組み合わせを使用しだした。明治に入ると、新しい〈君〉〈僕〉の用法が日常化していく。〈君〉の用法は、文明開化とともに広がりをみせていた。

一九世紀には、一九世紀固有の国歌事情が存在する。弱国を奪う道具として、近代国際法が、地球各地で猛威を振るっていた。国歌を持たない国であり続ける選択肢なぞ、明治の日本に考えられない。培ってきた歴史を背景に、日本は、世界の国歌文化に参入を果たした。

一八六九年、国歌の歌詞選択という課題が、日本社会に降って湧いた。一八七〇年に作られたフェントンによる初代日本国歌は、歌詞を据え置き、一八七八年作の雅楽風旋律に差し替えられた。エッケルトの手で、一八八〇年に、ピアノや吹奏楽用の編曲が施されている。国歌に対する初期的対応は、四〇年を超えて続いた明治にあって、最初の一〇年少々のあいだに集中していた。薩長藩閥が政府の主導権を握り、プロイセン流儀の皇帝主権体制に向かって舵が大きく切られる手前側、明治一四（一八八一）年の政変以前の出来事である。選ばれた言葉も節も、日本独自な文化や社会に深く根差していた。歌詞を決め、旋律を作り、編曲を施し、楽譜を海外に配布しただけでは、『君が代』を巡る物語に終止符が打てそうにない。西洋の国々は、富国強兵のお手本だった。ヨーロッパの大国の国歌に見習うべき規範を感じ、日本の国歌を国際基準に近づけたいと思う人々がいたところで、おかしくなかった。

二　国民の創生

国民アラスト云フモ可ナリ

日本は、維新のあと、中央集権的な民族国家樹立に向かって大きく舵を切った。江戸期に領国を統治しているのは、藩主たちである。諸王を束ねて、将軍と呼ばれる王のなかの王がいた。外からみた国の形は、帝国に近い。

出島のオランダ商館に勤めたドイツ人医師、エンゲルベルト・ケンペルが書き記した『日本誌』という書物がある。徳川将軍綱吉に拝謁した体験を持つ人物の著作で、一八世紀の初頭にヨーロッパで出版された。仏語版の書名、"Histoire Naturelle, Civile, et Ecclésiastique de L'empire du Japon"には、自然（naturelle）、民俗（civile）、宗教（ecclésiastique）の語に加え、《日本帝国（l'empire du Japon）》の一文が含まれる。一八世紀の中頃には、オランダで、銅版に手彩色を施した日本地図が印刷された。東洋学者アドリアン・レランドの『日本帝国図（Imperivm Japonicvm）』である。ここにも、〈帝国〉の語が顔を出す。西洋世界は、どうやら、日本を〈帝国〉とみなしていたようだ。

日本の自意識も、外からの眼差しと表裏一体だった。「大日本帝国大君《たいくん》の全権と亜墨利加（アメリカ）合衆国大統領の全権と」と書かれた文書が、外務省の外交資料館に所蔵されている。日米修好通商条約批准書交換終了時のものである。新見豊前《ぶぜん》守・村垣淡路守・小栗豊後《ぶんご》守の名の下に花押が記されていた。《大日本帝国》の呼称は、皇国日本だけの専売特許ではない。かつての日本は、領邦や藩王国に似た幾つもの小国の集合体である。日本列島に住まう人々は、それぞれの地域に所属し、日々の生活を営んでいた。中央集権的な権力のもと、国民として一体化されていたわけではない。

藩や領邦の民と、国民国家の民は、異質な地平で生存している。福沢諭吉は、明治初年の日本の状況について、「日本ニハ唯政府アリテ未《いま》タ国民アラスト云フモ可ナリ」と書き記した。『学問ノススメ』のなかのよく知られた文章である。維新の結果、中央集権的な政府ができた。しかしまだ、国民と呼べるような人々が、どこにもいない。一九世紀は、国民国家の揺籃期だった。植民地主義の嵐が吹き荒れ、西欧列強による支配地獲得競争に歯止めがきかない。支配と被支配の境で、不平等が高笑いをしている。植民地の民には、国民の資格が認められない。なんらかの社会的要件を満たして、人ははじめて、国民たりうる。一九世紀という世紀は、一部の恵まれた地域に限り、住民が国民である事実を許容していた。

アメリカ合衆国の国民創生

『国民の創生』という題名の無声映画がある。デイヴィッド・ウォーク・グリフィスが監督を務め、一九一五年に公開された。監督の父親は、アメリカ連合国の大佐である。南部諸州が集まり、アメリカ連合国を形作った。分離独立を目指して北部と戦い、敗れ、泡の如くに消え去った。英国国歌と似た題の、『神よ南部を救い給え』という曲を国歌にしている。

映画の物語の時代背景は、グリフィス親子の生きた南北戦争期や再建期である。名は体を表わし、アメリカ国民誕生の歴史を題材にしている。いっとき南北に激しく引き裂かれた白人住民の心は、黒人への嫌悪感によって溶かされ、一体化され、結果としてアメリカ人という国民意識の芽生えが生じた。白人至上主義団体クー・クラックス・クランの結成こそ、国民創生へ向けた大切な転換期にほかならない。アメリカ国民誕生の歴史について、映画はこう物語る。白人同胞の一体感を鼓舞する空気に満ち溢れ、人種差別感情の色が濃い。批判の声にもかかわらず、興行的には大成功を収めた。グリフィスが心のなかに抱いた国民創生への思い込みは、紛れもなく、多くの人々の賛同を得ていた。

南北戦争の勝ち負けは、はじめから明らかである。経済的格差が、南北間で極めて大きい。南部がまさっていたのは、北部の二四倍を誇る綿花の生産高ぐらいだろう。北部の優位を数字でみると、自由人の男性人口が南部の四・四倍、鉄鋼生産高が一五倍、工場の生産高が一六倍、軍艦トン数が二五倍、火器生産高が三二倍、石炭生産高が三八倍といった具合である。にもかかわらず、利害対立に緊迫の度合いが増すと、紛争解決の手段として、戦いへの意思が頭をもたげる。一八世紀の末年に、アメリカ合衆国は、入植者の権益を宗主国から自立させた。しかし、南北戦争後にならないと、主権や諸々の権利を、州から連邦に移管できない。国家の手に中央集権的な力をまとめ上げるためには、戦死者たちの人柱が不可欠だった。

　混乱のあとの国民意識醸成に、膨張と拡大を正当化する標語が、大きな役割を演じていた。〈マニフェスト・デスティニー（明白なる天命）〉の掛け声に応じ、幌馬車が、群れをなして西を目指した。アメリカ合衆国の西漸《せいぜん》運動は、明治以降の北海道開拓がアイヌ人口を激減させたように、元々この地に住んでいたアメリカ・インディアンたちを、民族浄化に等しい状態にまで追い詰めてしまう。北アメリカ大陸の温帯地域を生きていたのは、先祖が欧州北西部出の肌の白い人間ばかりではない。殲滅《せんめつ》を余儀なくされた先住民族が生活し、差別の対象となったアフリカ系住民が住む。東欧や南欧から、ヨーロッパ系移民第一世代が続々と流入していた。年間の移民者数は、一九世紀から二〇世紀にかけての世紀の転換期に、最大値を記録する。国民の創出は、アメリカ合衆国にとって、生半可な事業ではなかった。だからこそ、『国民の創生』のような映画が作り出される。

フランス革命の影響

一八世紀末のヨーロッパで、世界を揺るがす市民革命が勃発した。フランス革命である。市民たちの民兵組織が編制され、国民衛兵と名付けられた。国民衛兵のパトロール隊は、合言葉に「お前は国民か」という文句を用いる。革命の呪文のようなものだろう。〈国民〉同様、〈祖国〉という単語が大切にされていた。『ラ・マルセイエーズ』という戦いの歌が、義勇兵の出征を鼓舞する目的で作られた。近代の愛国歌や軍歌を代表する曲である。現在のフランス国歌にほかならない。同じ旋律を何回も繰り返す有節歌曲の形で書かれ、旋律最後の部分の歌詞が、いつも同じ文句に固定されていた。大衆的な歌に特徴的な仕掛けである。フランス語でルフラン、英語でリフレインという。日本語では、合唱と訳された。明治時代の訳を用い、『ラ・マルセイエーズ』の合唱部分を抜き出してみよう。歌のなかの決め台詞である。

鎧《よろ》えよろえ勇ある汝、仇うつ太刀を抜かざし、
進めすすめ、負けたら死のうと心をきめて、

愛国心と殉国の想いに溢れる戦いの歌が、国民創生のための大切な装置の役を果たしていた。

〈革命の大天使〉と生存中から綽名《あだな》されたルイ・アントワーヌ・ド・サン＝ジュストという人物がいる。フランス軍の戦いについて、「突撃部隊の精神」でなければならないとの言葉を残した。歌詞の精神は、フランス革命の魂と一体だった。

国家の言語にも、革命の波が押し寄せた。国民公会の議長を務めたベルトラン・ド・バレールは、演説中に「言語を革命しよう」との名文句を吐いた。国家の言語は、国語を意味する。地域的な言語や方言は、使うこと自体で反革命だった。統合された国民は、唯一、フランス語のみを用いなければならない。

革命時のフランス人口は、およそ二千三百万程度と推定されている。当時のフランスの言語状況は、複雑である。南部ではプロヴァンス語を含むオック諸語が話され、北西部ではブルトン語が使われ、スペインとの国境近くに行くとバスク語やカタロニア語が、ベルギーとの国境あたりではフラマン語が、アルザス・ロレーヌ地域ではドイツ語方言が喋られている。一八世紀になってフランス領に組み込まれたコルシカ島の言葉は、イタリアのトスカナ方言に近い。すべてのフランス人が、フランス語を話していたわけではない。約半分の人々は、フランス語をまったく話せないか、片言しか使えない。読み書き能力については、論を俟つまでもないだろう。

識字率の高低と印刷物の普及度合いは、互いに連動している。ヨーロッパ地域は、日本のコウゾやミツマタのような、紙の製造に向く草本の植物に恵まれなかった。ヨーロッパの紙の材料は、着古した衣服である。紙は、服から作られた。日本各地に大衆本を出回らせ、文盲率を大いに下げた江戸時代の出版事情が、ヨーロッパ世界全域にまで及んでいない。差別観を伴う古着回収の仕事は、質屋や金貸し同様、ユダヤ人たちの社会的役割だった。西洋の書物の値は高く、庶民になかなか手が出せない。産業革命の技術革新が、紙の製造に波及しだすのは、一九世紀の初頭期である。従来の手すきが、機械すきに転換されると、書籍の値段は大幅に下がった。それでもなお、一九世紀前半期に本を一冊買おうと思えば、労働者が手にする平均月収の三分の一程度を必要とする。一九世紀中葉期過ぎになってはじめて、パルプ製紙が普及し、木材チップから安価な紙が作られた。読み書きを通して習得言語を単一化させ、国民を創生しようにも、社会設備が整うには、それ相応に時間がかかった。

フランス革命後の混乱を収拾し、軍事独裁政権を確立したナポレオン・ボナパルトは、一九世紀の初頭期、欧州各地を戦乱の渦に巻き込んでいく。ナポレオンの侵攻以前、ドイツには、三百近い封建国家や自治都市が存在した。ナポレオンの嵐が過ぎ去ると、四〇近くにまで整理が進む。統合されたドイツ帝国の出現は、一八七一年のことだった。皇帝にプロイセン国王を据え、帝国が統一されたあとでも、バイエルンやザクセンをはじめ、構成国には王位が残った。イタリア半島の小国の群れは、イタリア王国として、一八六一年に一体化された。一八六六年、南北戦争後に市民権法が制定されると、アメリカ合衆国が中央集権化する。ドイツの統合に三年先立つ一八六八年という年に、アジアで日本が統合された。藩主の権利が剝奪《はくだつ》された廃藩置県後、日本の王はひとりとなった。同じような頃合いに、世界の先進地域で中央集権化が進み、国民国家がその産声を上げている。世界全体が、微妙につながり合っていた。一八七〇年、イタリアの政治家・小説家マッシモ・ダゼーリオは、国王となったヴィットリオ・エマヌエーレ二世のローマ入城の翌日に、「イタリアはでき上がった。あとはイタリア人を作らなければならない」との言葉を発する。福沢諭吉の「唯政府アリテ未タ国民アラス」と同じ内容である。一九世紀中葉期にいまだ国民がいない状況は、日本に限られた現象ではなかった。

産業革命と国民国家

アメリカ合衆国南部の綿花栽培は、一九世紀に入って急成長をはじめた。一七九〇年に七百トンだった生産高は、一八二〇年代に百倍を超え、一八五〇年代になると千倍に達する。南部諸州の大発達は、北部の工業化に刺激を与え、産業革命進行中のイギリスに原材料を提供した。イギリス繊維産業は、原材料を受け取り、加工し、輸出した。一八世紀のヨーロッパは、綿花の原産地インドから、綿製品を輸入している。産業革命の進展は、輸出入の流れを逆転させ、インドの綿産業を壊滅させた。

経済活動は、見方次第で平時の戦争である。一九世紀初頭のインドは、イギリスに富を吸い取られていながら、まだ世界のなかの極貧地域ではない。中国とて同じである。世界の長期経済変動を知ろうと思えば、経済学者アンガス・マディソンの統計データが使える。経済協力開発機構（OECD）との係わりに出版された『世界経済の成長史 1820〜1992』を覗くと、一八二〇年時点では、中国とインドを合わせ、両地域のGDPで、世界全体の四五パーセント程を確保している。第一位が中国、第二位がインドである。第三位以下、数字で大きく水をあけられながら、フランス、イギリス、ロシア、日本、オーストリア、スペイン、アメリカ合衆国、プロイセンと、国の名前が続いていく。

世界は、一九世紀から二〇世紀にかけて、大きな変貌を余儀なくされた。最初に産業革命を起こしたイギリスの成長が著しい。一八世紀中頃からの百年で、人口が三倍に増加する。都市化の流れに弾みがついた。国家経済に大きな部分を占めた農業の比重が、五分の一以下にまで低下する。所得が倍以上に増大した。第一次産業に代わって、社会の前景に第二次産業分野が躍り出てきた。イギリスにおける鋼・工業の比率は、一八五一年時点で、既に国内産業全体の四五パーセント近くを占める。イギリスは、世界の工場となった。近隣の国々が、次々とあとを追う。産業革命に伴い、地下の化石燃料を本格的に利用する時代が到来しだした。化石燃料は、太古を生きた地球の命である。命の材料となる炭素や水素が、大地の作用で資源の形に姿を変えた。地球が長年にわたって貯蔵してきたエネルギーの解放は、使いこなせる技術を手にした地域に比類のない力を与え、科学技術の進展を大いに速めた。社会の内部に高水準の技術や科学がなければ、エネルギー使用の飛躍的な増大に対応できない。

黒煙を吐いて、汽車が大地を疾走しだした。電信線を用いると、情報も瞬時に遠隔地へと送れる。人間の活動域が拡大した。経済圏が広がった。支配可能な領域が広域化した。前近代には、血族集団や地域共同体、同職組合組織など、社団的機能を持つ自治的集団が幾つもある。社団的機能の上に、王の支配を覆いかぶせて、従来の統治機構は存在していた。近代的環境では、中央集権的な権力のもと、単一の法体系下に人々を支配する方が、より一層大きな力を発揮できる。

国民創生の気運と産業革命の進行状況は、目にみえないところで連関している。政治や経済や技術の変化を伴いながら、地上に国民を生み出す社会環境が少しずつ整い、一九世紀の後半期に入ると、その勢いが奔流のように地球全体に溢れ出した。技術の革新は、資本主義の発達を加速させる。大量に作られはじめた産業産品は、消費地を必要としていた。原料の確保も大切だろう。自国以外に、消費地や原材料生産地を想定するなら、資本活動の展開は、植民地を求める動きにそのままつながる。経済的・技術的非対称が、地球の各地域間で、目にみえて大きくなった時代である。弱肉強食に弾みがついた。列強による帝国支配は、国内のナショナリズムに勢いを与え、ナショナリズムの高揚と国民意識の高まりは、互いに表裏一体の関係にある。国民国家黎明の時代は、ナショナリズムの時代だった。西洋各地で好んで歌われはじめた愛国歌や軍歌の響きは、それぞれの国で、国民作りの背中をしっかりと後押ししている。

帝国ロシアが中央アジアに進出すると、ロシアとイギリスのあいだに戦争が起こった。インドへの利害が対立したためである。イギリス人の愛国意識に、ロシアへの反感が火をつけた。ロシアを野蛮な熊に擬人化し、「バイ、ジンゴ！」の掛け声とともに愛国感情を歌う歌の人気が高い。時を置かず、〈ジンゴイズム（jingoism）〉という言葉が生まれた。辞書を引くと、〈好戦的愛国主義〉や〈感情的国威発揚主義〉など、対応する日本語がすぐにみつかる。当時の人気歌手G・W・ハントが歌った歌詞のように、イギリス社会は、祖国の旗のもとに喜んで戦う〈ジンゴ〉たちを輩出していた。言葉は、アメリカ合衆国にも飛び火する。太平洋やカリブ海にまで〈マニフェスト・デスティニー〉の命題を拡張しだしたアメリカ合衆国にとって、使い勝手の良い単語だったのだろう。ハワイを併合し、キューバやフィリピンを巡ってスペインと戦争する頃には、アメリカのジャーナリズムが用いていた。漫画の犬にも、ジンゴの名前が使われた。

国民を育むための文化装置

一八八一年のことである。アメリカ合衆国に吸収される前、自国の国歌吹奏に耳を傾けながら、ハワイ王国国王カラカウアは、日本の大地を踏みしめた。併合への危機感が、脳裏にこびりついていたに違いない。国王は日本に対し、幾つかの提案を持ち掛けた。直通電信線の設置や、ハワイ王女と日本の親王との婚姻などである。更に微妙な申し入れもあった。日本の明治天皇を盟主とし、アジア諸国を連合させようとの発想である。現在、ハワイのビショップ博物館に、天皇の署名入り返書が収蔵されている。アメリカや中国との関係に配慮しつつ、盟主や連合の件に関し、日本は、丁重な断りを入れていた。

世界各地で引き起こされる出来事が、東洋の島国に様々な波風を立てている。ヨーロッパ系白人たちが支配する地球上の土地は、一九世紀が幕を開けた時点で、おおよそ三分の一強である。二〇世紀に入ってしばらく経つと、その比率は、六分の五を上回った。ナポレオンの軍隊に各地を踏み荒らされたヨーロッパでは、民族意識が至る所で高まり、国民意識の醸成に向けた準備が、日本に比べ幾分早い。都市化が早く進行した西洋社会では、土地への縛りを失った都市住民たちが、軍隊の徴用にも簡単に応じた。近代日本は、兵農分離が進み、平和を満喫した江戸社会からの旅立ちである。明治の元勲・山県有朋の言葉を用いると、多くの人が兵役逃れのため、「肢体《したい》ヲ毀傷《きしょう》シ若《もし》クハ逃亡シ其他種々ノ詐偽《さぎ》」行為を行っていた。近代国家が求める徴兵制度と庶民感覚とのあいだには、相当大きな開きがあった。

国民を育んでいく文化装置には、種々様々なものがある。国家の言葉である国語の創生。国民で構成された軍隊作り。教育による国民意識の涵養。国家を象徴する人物の印象操作。愛国的な歌や軍歌や行進曲。軍事パレード。物々しく演出された国家儀礼。国旗や国歌。他国との戦争。勝利の高揚。まだまだ幾つも挙げられる。

国家にとっての国歌は、今でも、国際礼譲という難しい言葉とともに処理される。国家間の円滑な関係を示すために、慣行として尊重されてきた。礼譲理論は、一七世紀の後半にオランダで確立された。国歌のほか、礼砲儀礼などを含んでいる。最も数多く空砲を空に向けて放つ二一発の礼砲は、皇帝・国王・大統領に対する作法であり、〈ロイヤル・サルート〉の名で呼ばれる。明治時代風に訳せば、〈皇帝礼式〉となるだろう。日本に限定された言い回しなら、〈天皇礼式〉である。礼譲は慣習だから、法的文書の存在を前提としない。国歌も同じである。不成典憲法の国イギリスは、他の近代国家のような成文憲法を持たない。国歌を規定する法律もない。フランスが『ラ・マルセイエーズ』を国歌として明記したのは、第二次大戦後の一九四六年になってのことだった。アメリカ合衆国は、現在の『星条旗』に先立ち、国歌として別の曲を歌っていた。世界の風潮を反映してか、戦場に翻る国旗に託して愛国的な激情を歌う『星条旗』にその座が譲り渡され、一九三一年、法律上の国歌となった。一九世紀は、国歌の世紀である。しかし、国歌を法制化した世紀ではない。法規定とは無関係に、国歌は国歌として各国で愛国の熱気を彩り、殉国の高揚をあおり、国王への賛美を歌い上げていた。

欧州的帝国を目指して

一八六一年、米国で『ナショナル・ヒムズ』と題された本が世に出た。著者は、シェークスピア学者のリチャード・グラント・ホワイトである。出版の背景には、正式なアメリカ合衆国国歌を求める北部の空気と、国歌検討のための委員会設置が潜んでいた。この著作は、明治の日本に影響を与えた。音楽行政の中心にいた伊沢修二は、「人心ヲ激発スル国歌ノ成リシ所以ヲ細録セリ」と評し、書名を『万国々歌集』と日本語に直した。アメリカ合衆国の試みに感化されたのかもしれない。日本でも、一八八二年、当時の文部卿・福岡孝弟《たかちか》が、国歌検討の指示を発している。文部卿からの指令を受けて、音楽取調掛が作業を進めた。カラカウア国王の来日に際し、海軍軍楽隊がハワイ国歌を礼式曲として奏でた頃の出来事である。ドイツを範とし、君主大権を軸とする国家構想が推し進められていた。一八八七年になると、外務大臣・井上馨は、列強との条約改正に挫折した状況を踏まえ、「我帝国及ヒ人民ヲ化シテ恰《あたか》モ欧洲邦国ノ如ク恰モ欧洲人民ノ如クナラシムルニ在ルノミ〔略〕欧洲的一新帝国ヲ東洋ノ表ニ造出スルニ至ルノミ」との言葉を発する。日本は、欧州的帝国を目標とした。前近代的な帝国のままではいられない。江戸幕府によって用いられた藩の集合体としての〈帝国〉日本は、維新から二〇年近く経ち、列強を意識した帝国主義的な〈帝国〉に向けて、その姿を変えようとしている。統治者たちにとり、国民創生は、喫緊《きっきん》の課題となっていた。

様々な領域で、欧州的帝国に相応しいありようの模索がみられる。京都出のミカドの上にも、印象操作の手が及んだ。ヨーロッパ諸国の王や皇帝は、軍人である。女性的で雅な貴族的装束が打ち捨てられ、ミカドの装いは、軍服を身にまとった男性的な服装に転じた。王と国との関係が再編された。江戸幕府の洋学教育研究機関・開成所によるヘンリー・ホイートンの『万国公法』日本翻刻《ほんこく》版第一巻第二章第四節には、ヴェルサイユ宮殿に君臨したルイ一四世の言葉〈朕は国家なり〉に基づく一節が含まれている。小難しく「法国路易十四所謂国者我也」と書かれ、読み下すと、「法（フランス）国の路易（ルイ）十四の謂《い》ふところの国とは我なり」となる。ルイ一四世といえども、実際上、社団的な諸組織の上に乗っかっての存在であり、自分の手の内に裁判権や徴税権などを統括できたわけではない。近代国家の論理が、過去の王権を解釈していた。明治に入り、一八八二年に司法省が翻訳し直した巻之二第十九条《じょう》をみると、「実ニ限《かぎり》無キ君権の国ニ在テハ君身ヲ以テ国体《こくたい》ト同視ス」とか、「君主ノ語ハ時トシテ政体《せいたい》ノ如何ヲ問ハス国ノ字義ニノミ用フル」とある。明治の日本人が手に取った西洋の本のなかで、王と国の二語は同義語だった。君主大権に舵を切った時代の風潮と共振し、幕末以降の尊王思想と同調し、日本社会に影響を及ぼさずにはおかれない。

日本の民は、明治初期の日本社会で、自国や他国の国歌を歌う機会をほとんど持たない。身近に国歌を演奏していたのは、ほぼ海軍所属の軍楽隊に限られた。国家間の礼譲儀礼や国内の君主儀礼に際し、実用上の目的で国歌を奏する立場である。国歌の利用価値は、欧州的人民の創生を目指す時代に、それなりに高い。国歌を歌えば、意識の俎上に国家がのぼる。国民意識が涵養される。役目柄、教育を司る部署が、〈欧州的一新帝国〉の国歌に適う西洋流儀の新しい歌を探し求めた。

新国歌模索の試みとその帰結

文部省主導による新国歌の検討作業は、西洋の国歌を規範に置いた。調査のために翻訳した他国の国歌を手本に、幾つもの歌詞が工夫され、関係者のあいだで検討がなされた。『君が代』の歌は、古歌の言葉と雅楽様式の響きに溢れ、欧米の国歌の雰囲気とまったく異なる。案として提出された歌詞をみると、西洋流儀のリフレインを利用したものが少なくない。曲のなかの決め台詞、合唱部分を持つ歌である。新国歌案の例として、『神器』〔Ⓐ〕と『尊王愛国』〔Ⓑ〕の二曲を引用してみる。『尊王愛国』は、二番と四番の抜き出しである。

Ⓐ国を照すは鏡なり、国を守るは剣なり、国の光りはまが玉の、妙なる玉にぞたとふべき、

〔略〕すめら御国は大君の、千世万世も治《しろ》しめす国、
合唱　いざ国民よ君万歳と歌へかし、〔略〕いざ国民よ君万歳と祈れかし、
Ⓑ農工商とさま〴〵に、しなこそかはれ君が為、尽すこゝろしかはらずば、国のかためとなりぬべし、
合唱　尽せや尽せ、国の為、いはへや祝へ、君が御世、
国は日の本日の光り、いたらむ極み仰ぎ見よ、君は万世一系の、わがおほ君ぞしろしめす、
合唱　尽せや尽せ、国の為、いはへや祝へ、君が御世、

『神功皇后』『豊臣秀吉』『日本武尊《ヤマトタケル》』など、歴史上の英雄を称える歌も用意された。ナポレオンの栄光を歌った第二帝政期のフランス国歌と同じ発想によっている。『蒙古来』は、歴史的事件を扱った。『国旗』〔Ⓒ〕という歌は、アメリカ合衆国の国歌『星条旗』の着想につながる。国旗の図章に係わる『日出処《ひいずるところ》』〔Ⓓ〕という歌の工夫もなされた。『日出処』の歌詞に顔を出す小難しい単語には、簡単な註釈が必要だろう。ここでの〈天津日継《あまつひつぎ》〉は、皇位を表わす。〈御稜威《みいつ》〉は、天皇の威光を表現していた。

Ⓒ草木も靡《なび》く大昭代《みよ》の、風は四海にみてるなり、仰ぐも高き天津日の、御旗は雲を払ふなり、

合唱　いざ国民よ国長久と歌へかし、国長久と祝へかし、いざ国民よ国長久と祈れかし、

Ⓓやまとの国を日の本と、外国人《とつくにびと》も伝へしは、天津日継《あまつひつぎ》のうごきなく、御稜威《みいつ》かゞやくしるしなり、

新しい国歌作りが目論まれたのは、五線譜による音楽教育が端緒についたばかりの頃合いである。まだ日本に、熟達した近代詩人や作曲家が育っていない。にもかかわらず、当事者たちが心配していたのは、音楽家ではなかった。作曲の方はどうにかなる。詩を書く人材が、如何ともし難い。専門学務局局長の立場にあった文部官僚・浜尾新は、意見書のなかに、「国歌ヲ制定スルニ、第一ニ困難ナルコトハ非凡ナル詩人ト楽人ヲ求ムルニアリテ、楽人ハ較々《やや》得易キモ、文人ハ極メテ得難シ」と書き記した。文面から察するところ、文部官僚の一部に、お雇い外国人として来日していたヨーロッパの音楽家に作曲を依頼する腹づもりがあったのかもしれない。

この折の〈欧州的一新帝国〉の国歌作りは、立案の段階にとどまった。実現にまで至っていない。国歌の目論見が、尊王愛国の大義と深くつながり合っていた事実を記録に残し、計画そ

のものは、打ち捨てられた。結果からみて、文部省の新国歌案は、『君が代』の歌を凌げなかった。文部官僚たちの眼差しが、再び雅楽寮の楽人たちの歌に差し向けられると、否応なく、『君が代』の言葉の上に、忠君愛国の大義が覆いかぶさる。

文部省は、一八八九年になって、全国規模の公教育用に、伶人たちの『君が代』をはじめて使った。中学唱歌集の第一曲目である。巻頭の歌への大抜擢だった。一八九一年には、『君が代』を含み、学校で執り行われる儀式用の歌、《祝日大祭日唱歌》が告示された。一般唱歌以上の役目を担い、特別な歌としての『君が代』が、学校教育の現場に登場してくる。

文部省による国歌創生の努力以降、《君が代》の詞章の意味合いに、変化が生じた。一八八三年九月二八日付の東京絵入新聞は、海軍による国歌の工夫を取り上げ、初出の『古今集』に言及しながら、『君が代』について、「多分祝宴、賀席等に吹奏さるゝもの」と報じている。一八九三年に出版された『祝日大祭日唱歌義解』になると、〈君が代〉の語義は、「我が君の、天の下しろしめす御代を、さし奉れる詞《ことば》なり」と解説される。皇国の歌への運命が、避け難かった。

産業化の展開と世界の変貌

日本社会の動きは、急速である。産業化の勢いが増している。産業革命を起こしたイギリスが、農業分野から工業分野への労働転換で、世界の先頭をひた走っていた。二〇世紀も一〇年少々過ぎた頃になると、ドイツとアメリカ合衆国が、第二集団の位置にいる。第三集団に目を移すと、もう日本がベルギーなどと肩を並べ、先行集団を追走していた。フランスは、二〇世紀中頃に至るまで、農業人口に偏った社会構造を維持し続ける。スウェーデンやイタリアやオーストリアなどは、日本の後続グループに所属していた。

社会の変化は、文化を刺激する。芸術分野もまた、社会の産業化や技術革新から影響を被る。音楽とて同じだろう。西洋の楽器の装備をみると、産業革命の新技術が一目瞭然である。気体や液体の流路を制御して、バルブという仕掛けがある。気体の通り道を自在に切り替える器具は、吐く息で音を鳴らす楽器に応用がきいた。管の長さを思い通りに変化させれば、音階音の操作が自在になる。一九世紀に入ると、トランペットやホルンのような金管楽器は、機械操作を用いて半音階を自由に行き来する近代楽器に変貌を遂げた。多くの楽器が、手工芸品から産業産品に変化する。フルートやクラリネットのような木管楽器も近代化された。楽器の管に、人間の指の数以上の穴が刳り貫かれ、演奏家の手動操作によって、指の代わりに、金属製の蓋が穴の開閉を代行している。装置のおかげで、決められた音階音がきちんと鳴らせる。

フランス革命時に笛と太鼓の鼓笛隊で編成されていた軍楽用の楽団は、新しい楽器の登場に伴い、一九世紀の中葉期になると、ブラスバンドに姿を変えた。楽器の改良は、産業革命の賜物である。労働者たちが、技術開発の成果を楽しんでいる。イングランド北部の工業地帯には、どんな小さな村にもブラスバンドが存在していた。最盛期を迎えた一八九〇年代前後には、イギリス全土に三万とも四万ともいわれる団体がある。野外用の音楽に適した吹奏楽器の一群は、愛国的な行進曲を数多く作らせ、国歌の文化を背後から支えた。国歌とブラスバンドの関係は、切っても切れない。

ピアノという楽器もまた、産業革命と不可分である。最初期の鍵盤楽器は、家具職人が木製の箱に真鍮の弦を張って作っていた。一九世紀中頃になると、鋼鉄製のフレームに強度の高いピアノ線が張られ、産業革命の技術を集約させた民生用の音楽機械に進化を遂げる。鋼鉄を扱う高度な技術が、ピアノ製造には欠かせない。優良な鉄鉱石と良質な石炭を産する地域が、ピアノの生産立地に適合していた。やがて、ピアノ産業の二大中心地として、ドイツとアメリカ合衆国が台頭してくる。ドイツとアメリカ合衆国の競争分野は、ピアノだけに限られていない。米独二国は、鉄鋼業や重化学工業で世界をリードし、やがて国力を賭けて、互いに激しくしのぎを削る。音楽の世界も、世界の変化を反映している。国歌や楽器産業の変化を通しても、世界の変化は、おぼろげながらに透けてみえる。

三　せめぎ合い

二〇世紀初頭期にみる日本の音楽状況

愛知県犬山市の明治村と福島市の民家園に、重要文化財として、一九世紀末年に建てられた芝居小屋が移築保存されている。大阪府池田市西本町にあった呉服座と、福島県伊達郡梁川町の旧広瀬座である。日本の近代化を支えた鉱山町にも、二〇世紀初頭期建築の娯楽施設が残された。秋田の小坂鉱山には、康楽館が建つ。栃木の足尾銅山の麓《ふもと》の町には、ながめ余興場という建物が佇む。すべてが、花道や桟敷《さじき》を有し、回り舞台の下に、仕掛けを動かす奈落を備える。小屋の趣きは、出し物の内容に直結している。人々の喝采を浴びていたのは、日本的な芸能の数々だった。

鉱山から産出された銅は、蒸気機関の発明以降、シリンダーやバルブやエンジンの機械部品に欠かせない。伸ばしても縮めても自在に変化し、電気や熱をよく通す。電話線や電線の材料である。電気の時代に入ると、重要度が一層増した。銅鉱床は、太古に起こった深海火山活動によって生み出される。プレートの動きに海底を運ばれ、陸地に付加し、山中に潜む鉱脈となった。プレートの沈み込み帯に位置する日本の国土は、銅鉱山に恵まれた。近代の銅山開発は、鉄道や道路などの社会設備を強く求める。殖産興業を刺激し、財閥の成長に力を貸した。日本山中の金属資源は、足尾の鉱毒事件まで引き起こしながら、富国化の背中をしっかりと後押ししていた。

維新直後の日本の人口は、三千三百万程度である。二〇世紀末年に一億二千万を超えた数値の三〇パーセント弱にすぎない。人口最多を誇った県は、一九世紀末に至るまで、稲作適地の新潟県だった。西日本と東日本の人口比率は、六対四で西日本に偏る。文明開化の刺激は、社会の姿を変え、人口の膨張を促した。第一次世界大戦を迎える二〇世紀の一〇年代になると、日本の人口は五千万人を超えた。三〇年代に至って、七千万に到達する。

倍増した人口の半分が、音楽の好みに洋楽を選ぼうと、日本伝統音楽の市場規模は、江戸期の状態を維持できる。『東京風俗志』という書物のなかに、二〇世紀最初頭期の西洋音楽状況が記されていた。首都東京でさえ、「俚耳《りじ》に未だ親昵《しんじつ》ならず」の状況である。巷の耳に、馴染みがない。「下流はもとより、上流にもよくこれを味ふもの甚だ少ければ、ましてこれを翫《もてあそ》びて興を遺《のこ》るが如きは殆《ほとん》ど稀れなり」とも書かれていた。洋楽の音感覚が日本に染み込んでいくには、まだしばらくの時間を要する。

架空の三等芸者を扱う新作落語ネタが、かつての日本で、人々を笑いへと誘っていた。一九一一年、初代柳家小せんは、『専売芸者』という噺をレコードに入れた。昭和前半期に映画やテレビで人気を博した柳家金語楼も、『現代芸者』の演題で、一九三〇年に一席を録音している。料理屋に呼ばれた芸者連が、酒宴の席に唱歌のたぐいを持ち出し、酔客たちをうんざりさせる。芸者遊びを楽しむ男性諸氏は、都々逸《どどいつ》や小唄や端唄を好んだ。唱歌ではない。学校唱歌には、教育の匂いがする。粋人ばかりか、明治末から大正時代を生きた洋楽分野の音楽家たちの耳にも、唱歌の発する権威臭は、克服すべき課題と聞こえた。

移り変わる音楽景色

　滝廉太郎は、近代日本が生んだ最初の本格的な作曲家である。堅苦しい旧式の唱歌に辟易としながら、新時代の歌を模索した。詩人の北原白秋・野口雨情・西条八十《やそ》、作曲家の山田耕筰・成田為三・本居長世《もとおりながよ》などが力を合わせ、児童文芸雑誌の『赤い鳥』や『金の船』を舞台に、児童向け歌謡の工夫をはじめるのは、二〇世紀の一〇年代も末年に近い。童謡の作曲家たちの多くは、一方で、芸術音楽分野の担い手である。歌いやすい曲を作る傍ら、五線譜を駆使した精緻な曲作りに懸命だった。

　庶民の歌にも、変化が起こった。三味線の音を背に、自由民権運動の歌『オッペケペー節』を歌った川上音二郎は、江戸末、一八六四年の誕生である。渡欧中のパリで、一九〇〇年、人気の持ち歌をレコードに入れた。演歌師の草分け・添田啞蟬坊《あぜんぼう》は、一八七二年に生を受けた。明治末年になると、後続の演歌師たちが、ヴァイオリンを歌の伴奏に使いはじめる。日本人にとってのヴァイオリンは、当初、クラシックばかりか、演歌の響きを連想させた。女優・松井須磨子に『ゴンドラの唄』や『カチューシャの唄』を提供した作曲家・中山晋平の生年は、一八八七年である。

啞蟬坊と廉太郎は、一九世紀の七〇年代に産み落とされた。晋平と耕筰は、八〇年代に産声を上げる。世紀をまたぐと、大衆歌謡分野の古賀政男や服部良一、クラシックの橋本国彦や池内《いけのうち》友次郎など、昭和の楽壇を作り上げていった先達たちが、次々と命を授かる。同世代の音楽家たちに、洋風の技術を手にした人が数多い。ジャズの草分けだった紙恭輔、映画分野の万城目正、芸術音楽書式に日本を探求した清瀬保二や松平頼則《よりつね》等々、日本の音楽表現は、彼らが成人に達する頃になると、以前と比較にならない幅の広さを獲得していた。

レコード・ラジオの登場と『君が代』初録音

科学技術の成果が、新顔の情報媒体を育んでいる。レコードやラジオの登場が、新時代の来訪を告げていた。演奏者がその場にいなくとも、機械の操作に音楽が聞こえる。『日本蓄音機文句全集』は、レコードに収録された歌の文句を集めた歌詞集である。過去の音楽嗜好を知る資料として役に立つ。一九一五年、日本蓄音機商会というレコード会社は、八二〇点程のSPレコードを世に問うた。人気は、小唄・浪花節・義太夫に集中している。発売点数の半数に近い。三分野で、その数四百を上回った。唱歌は、六〇台で四位に位置する。五位以下、四〇弱から二〇台にかけて、落語・長唄・端唄・薩摩琵琶・筑前琵琶・雑曲・謡曲・常磐津と、日本に根差した芸能分野の名前が続いた。

日本のラジオ放送は、一九二五年にはじまった。春に試験放送の電波が流れ、夏を迎えて本放送に移行する。その当初、ラジオで流れる音楽も、日本の響きが大半だった。一九三一年版の『ラヂオ年鑑』に、一九二五年当時の好みが記載されている。東京地域の調査第一位は、長唄である。以下、常磐津、新内、義太夫、三曲（地歌箏曲）、オーケストラ、シンフォニー、吹奏楽、ヴァイオリン、音曲噺の順番で、好みが移った。

日本のレコード吹き込み事始めは、英国のグラモフォン&タイプライター社の技師、フレデリック・ガイズバーグの手でなされた。一九〇三年のことである。スタジオ代わりに、築地のホテルが用いられていた。音盤に音が刻み込まれた演目の数は、二七三を数える。

ガイズバーグは、伝統芸能の収録を目的に来日した。おかげで、一八四〇年代生まれの名人、初世常磐津林中《りんちゅう》の演奏が今に伝わり、二一世紀に伝承者を失ってしまった庶民文化の記録が、レコードに残った。『君が代』も、初録音されていた。盤面に記された曲名には、「西洋音楽日本譜君が代」とある。僅かに収録された伝統日本芸能以外の音のひとつに当たる。吾妻婦人音楽連中演奏による西洋式音楽だった。花街新吉原の芸妓たちが集まっての吹奏楽である。録音前年の新聞に、合奏団の中心人物・俵屋福松と、アメリカ人芸人一座の看板娘・一一歳のエメリー嬢との交流記事が、掲載されていた。『君が代』の初録音は、一般の日本人に先駆けて自転車にまたがり、西洋人と付き合い、洋楽器を奏するモダン芸者たちによってなされた。彼女たちの存在は、新作落語の三流芸者たちと、一体どのような関係にあったのだろう。同じときの録音に、本職のお座敷芸分野で魅力的な三味線や歌を聞かせていても、いまだ洋楽器の扱いに慣れていない。お世辞にも、巧《うま》い演奏とは言い難かった。

流入する世界の音楽

ガイズバーグは、業界用語にいうアーティスト・アンド・レパートリー、略してA&Rの先駆けである。企画制作の役目を担い、音楽家とレコード会社のあいだを取り持った。歌劇の世界で活躍していた当時最高の人気歌手たち、カルーソやシャリアピンやメルバの声を録音している。レコード産業勃興期の音楽市場を見渡すと、唯一、クラシック分野の音楽だけが、世界商品としての地位を誇れる。文明世界全域を、流通範囲に確保していた。地球全体を市場とする音楽があれば、地域的な音楽もある。日本にも、日本固有の市場が根を張っていた。

社会の産業化に促されながら、世界の各地で、新種の地域音楽が芽を吹きはじめた。新大陸産のアルゼンチン・タンゴが、目新しい響きに、世界の関心を集めだした。アメリカ合衆国のジャズが、分野の黎明期を駆け抜けていた。フランスのシャンソン、イタリアのカンツォーネ、スペインのフラメンコ、カリブ世界のカリプソをはじめとする多種多様な音楽が、大衆音楽の二〇世紀を準備しながら、それぞれに、自分たちの個性を磨き上げている。

新時代の風は、日本にも影響を与えた。都市部で、ダンスホールが人気を博した。浅草歓楽街の喜歌劇人気が、宮沢賢治や川端康成のようなインテリ人士連中を引き寄せていた。関西の宝塚少女歌劇や関東鶴見の花月園少女歌劇団によって、パリのレヴューが、日本社会に持ち込まれている。一九三〇年代になると、一〇年代にまだ少なかった一流演奏家たちによる来日公演が、目にみえて増加した。バス歌手のシャリアピン、ヴァイオリニストのジャック・ティボーやミッシャ・エルマンといった大演奏家たちが、次々と東洋の新興国を訪れては、来日ついでに、自分たちの演奏を、日本で吹き込む。作曲家の山田耕筰、指揮者の近衛秀麿やソプラノ歌手の三浦環《たまき》など、一九世紀生まれの洋楽先駆者たちが、三〇年代に入り、外国での録音活動を活発化させていた。

『君が代』や《君が代》レコードの多様性

『君が代』のレコードも、芸妓合奏団の音を手はじめに、徐々に蓄積されていく。演奏者の顔ぶれは、多岐にわたった。一九三〇年代に収録された雅楽演奏の『君が代』がある。教育現場を通して広まった経緯の反映だろう。歌い手に、唱歌同様、女性の名前が目に付く。頻繁に、軍楽隊が録音していた。英国国王ジョージ五世の三男グロスター公来日時の一九二九年五月、『グロスター公殿下に捧げ奉る夕』との番組が、電波に流れた。「英日両国歌にはじまり、英語を以てする奉迎の辞に続いて」、イギリスの歌、箏曲や義太夫等が放送されている。『君が代』は、儀式の際に用いられていた。格式も大切である。東京藝術大学やNHK交響楽団の前身、東京音楽学校や新交響楽団をはじめとして、クラシック音楽家たちのレコードの数が、少なくなかった。日本のSPレコード六万曲を目録化した出版物を参照すると、『君が代』の発売点数は、当時の人気曲、民謡の『安来節《やすぎ》』や童謡の『桃太郎』などと肩を並べる。

マイクロフォンの登場に伴って、レコードは、電気録音の時代に突入した。刻み込まれる音の質が、飛躍的に向上する。一九三〇年代の歴史的録音は、改善された音により、演奏の黄金時代を保存している。日本の伝統音楽分野で、一流奏者の録音が相次いでいた。《君が代》の言葉を丸ごと含む継橋検校の『難波獅子』のレコードには、一九三〇年発売の吉田晴風演奏のものがある。大半の語句を含んだ長唄の『老松』にも、一九三二年の松永和風、一九三七年の吉住小三郎のレコードが存在する。『千鳥の曲』は、富崎春昇や今井慶松によってレコーディングされていた。名人たちばかりである。古来の用法を伝承した幾多の《君が代》やその周辺の音が、伝統の音楽文化を好む社会に守られて、高い評価を伴いつつ、魅力的な楽の音を響かせていた。

日本の伝統音楽を演奏したのは、日本が育んだ邦楽器だけにとどまらない。西洋楽器用に編曲され、ブラスバンドが吹奏している。一九〇五年、日比谷公園内に、野外音楽堂が完成された。洋楽の黎明期である。野外音楽堂で催される音楽会は、新聞各紙が記事で扱う特別な催し物だった。クラシックの人気曲に混じり、伝統邦楽曲の編曲が、折々に日比谷の大気を震わせている。歌われなくとも、曲の言葉は、響きの背後にその身を潜める。編曲版『老松』の人気は高い。年に一〇回少々催された音楽会のこけら落としに取り上げられ、一〇年間で四回程、プログラムを飾った。音楽会を締め括って、『君が代』も吹奏されていた。

変奏曲の『君が代』・箏曲の《君が代》

西洋音楽の重要な楽曲構成法に、変奏曲と呼ばれる楽式がある。反復される主題に変化を加えて、工夫を楽しむ。作曲家の耳は、世に知られた旋律に、変奏曲用の格好な素材を感じた。

一八九〇年代生まれのふたりの作曲家が、『君が代変奏曲』に手を伸ばした。ベルリンで勉強した成田為三と、盲目の箏曲家・宮城道雄である。成田為三の曲は、第二次大戦中の一九四二年に書き上げられた。ドイツ仕込みの厳格な組み立てを持ち、政治の匂いと無縁である。宮城道雄は、日本の響きと西洋の書式を融合させて曲を作った。素踊りで、金屏風を背景に舞う日本舞踊の御祝儀感覚に満ち溢れている。一九二七年にラジオ放送され、翌年、レコードとして発売された。

《君が代》に係わる宮城道雄の作品は、変奏曲一曲にとどまらなかった。詞章に「君が代」の語を含む曲が、数曲みられる。『尾上の松』〔Ⓐ〕は、一九一九年の作である。兵庫県尾上神社の松に由来する曲名を持ち、〈相生の松〉の目出度さが祝われる。『編曲松竹梅』〔Ⓑ〕は、江戸期の三ツ橋勾当の曲を下敷きとして書き上げられた。フルートやピッコロの音色が、邦楽器に彩りを添えている。世の安寧や豊穣を言祝ぐ内容だった。

Ⓐやらやらめでたやめでたやと　うたひうちつれ尉《じょう》と姥《うば》〔略〕君にひかれて万代《よろずよ》の　春に
　さかえん君が代は　万々歳と舞ひうたふ
Ⓑ君が代は　濁《にご》らで絶えぬ　御溝水《みかわみず》　末澄《すみ》けらし　国民《くにたみ》も　実《げ》に豊かなる　四つの海

宮城道雄の曲ばかりではないだろう。吉祥好みの言葉が、箏曲の詞章の至る所から聞こえてくる。琴と、〈君が代〉の祝言性とは、お互い同士ウマが合う。生田・山田両流が保持する箏《こと》歌《うた》新曲を一瞥すると、〈門松〉と同義の『根引の松』という曲中に、「万歳囃す君が代は」の言葉が含まれる。新年を祝う『初がらす』からは、「尽きせぬ君が大御代を」の語が聞こえてくる。〈季節の慰み〉の意の『四季のすさび』を眺めれば、「あかぬすさびも君が代の」の詞章が目に飛び込む。二〇世紀に入ってなお、〈君が代〉を寿ぐ心根は、巷間での息づきをやめていない。宮城道雄の『編曲松竹梅』は、一九五四年の作である。稽古事としての琴は、第二次大戦のあとになっても、日本社会で人気を保った。戦争の時代をまたぎ、伝来の《君が代》の用法は、日本音楽を愛する人々の心のなかで、したたかに生き延びていた。

君が代研究者たちの志

一九二〇年代の末年になると、国歌『君が代』に関する研究書籍が登場しだした。〈国歌〉を表わす適切な言葉がない明治の時代、〈国頌〉や〈国音〉、〈日本礼式〉などと呼ばれた用語は、時が経つにつれ、いつしか〈国歌〉ひとつに収斂している。一九四一年出版の《君が代研究書》、小山作之助著『国歌君が代の由来』のなかには、「国歌といふ語は和歌と言ふに同じく、国語を以て歌へる歌、特に三十一文字の歌の総てを意味するものと解するのが正当であらう」

との記述がみられる。〈ナショナル・アンセム〉としての〈国歌〉の用法が、あまねく日本国内に行き渡っていたわけではない。《君が代研究》に意欲を燃やす著述家たちと、国民ひとりひとりの心のあいだには、目にみえない溝が存在していた。一九二九年に『国歌君が代講話』を出版した小田切信夫は、自序のなかで、世の中の『君が代』の浸透具合に関し、不満を一切隠そうとしない。

過去数十年間、往々それ（『君が代』のこと）があまりに無頓着に取扱はれ、不真面目に唱へられて来はしなかったか。〔略〕斯《かく》の如き現状を見れば、国民中に『君が代』が我等の尊き国歌である事すら知らぬ者が多々あるであらうといふ事も察するに難くない。

外国視察に赴いていた某校長は、「貴国の国歌を」と促され、学校行事に不可欠な『君が代』を歌うことさえできなかった。日比谷の野外音楽堂における『君が代』吹奏時の聴衆の態度が、新聞紙上で議論を呼んでいた。国歌に対する日本人の礼の欠如が、欧米人の口から再三指摘されている。

二〇世紀の一〇年代に、人類の歴史は、史上初の世界戦争を経験した。第一次世界大戦である。主戦場は、ヨーロッパの大地だった。彼の地では、社会にナショナリズムの気運が充満し、国旗と国歌の文化に、強い光が浴びせられている。時代の空気を映すように、人々の耳目を集めるオリンピック大会も、一九三二年のロサンゼルス大会になると、競技のあとに優勝者を称え、国歌を吹奏する習慣を開始する。西洋では、国歌とともに、人々は弾かれたように立ち上がり、音楽に対して姿勢を正した。欧米の習慣の日本化には、いつも、時間差がついてまわる。《君が代研究》の著者たちは、西洋習俗の日本定着を、強く求めた。

第一次世界大戦後の世界と日本

第一次世界大戦は、陸軍省主計課が一九四一年に出版した本の書名そのままに、『第一次世界帝国主義戦争』としての性格を有する。日本は、直接の当事者を免れた。「今回欧州ノ大禍乱ハ日本国運ノ発展ニ対スル大正時代ノ天佑ニシテ、日本国ハ直ニ挙国一致ノ団結ヲ以テ、コノ天佑ヲ享受セザルベカラズ」と、元老井上馨は論じている。

大戦が幕を開ける少し前、一九一一年という年に、大英帝国エジプト統官クローマー卿の著作、『最近埃及（エジプト）』が日本で翻訳出版された。初代韓国統監・伊藤博文暗殺の二年後のことだった。大隈重信が序文を書いている。「［クローマー］卿の埃及に於ける経営は我韓国に於ける保護政治の上に参考すべきもの多きを思ひ、之を当時の統監伊藤公に送りたることあり」との内容である。作家・徳冨蘆花が、一九二一年出版の『日本から日本へ』のなかで、二年前のエジプト体験を踏まえ、よく似た意見を述べていた。「埃及（エジプト）の立場に朝鮮を見、日本の立場に英吉利（イギリス）を置いて、其何れをも私共はとつくりと腹に入れねばならぬ」との文章である。欧米諸国との不平等条約から解き放たれた勢いに背中を押され、アジアや中東を眺める日本の眼差しに、はっきりとした変化が生じている。欧州大乱と相前後し、日本は、英国同様の強者を意識しだした。

第一次世界大戦と相前後して、前近代に勢力を誇った古典的な帝国が、次々と地上から失せていく。辛亥革命に伴い、清帝国が滅亡した。ハプスブルク家の帝国が消滅した。オスマン帝国が姿を消した。第一次世界大戦中に結ばれた秘密協定に則り、オスマン領の英仏による分割が進行する。ロシアで起こった革命は、ツァーリ支配のロシア帝国を倒し、世界最初の社会主義国家を誕生させた。

二〇世紀の戦争は、科学技術の戦いである。第一次世界大戦とともに、戦車が地上を走り、潜水艦が海中を行き来し、飛行機が空を飛んだ。高射砲が飛行機を狙い、化学兵器まで使われた。新興の国民国家が絡んで戦われた大戦争である。総力戦の時代が、到来していた。戦争の変化に伴い、国家と国民の関係に変化が生じる。前線での戦闘行為ばかりが、戦争ではない。強国と、強国を望む国家の群れに、社会を総動員する能力が求められていた。

二〇世紀前半期の覇権国家は、植民地帝国の顔つきをしている。列強が手にする文明と、世界を蹂躙していく野蛮な力は、互いに表裏一体の関係にあった。支配する国の圧力は、植民地に生きる人々の心に、解放と独立を願う民族主義の精神を育て上げる。イギリス帝国は、いっとき、一億五千万平方キロメートルに及ぶ地球の陸地総面積のうち、二〇パーセント以上を支配下に置いた。人の住めない南極大陸を除くと、二七パーセント程の比率になる。フランスもまた、アジアやアフリカの大地に、イギリスの四〇パーセント弱の支配域を勝ち得た。アメリカ合衆国の領土拡張ぶりが凄まじい。一八世紀の末年に、北米東海岸の小国だった一国は、一九世紀に入って、北米大陸中緯度地帯全域にまたがる大国へと変貌を遂げた。キューバやプエルトリコやパナマ運河地域その他の中米地域を支配下に置き、ハワイやフィリピンやグアムなど、太平洋に地歩を広げた。膨張ぶりは、大英帝国に匹敵する。

植民地を求めた国々は、地球上の至る所で、文化の異なる民に専制的な力を行使した。抜きん出た強者だけに許された特権なのだろう。英米仏のような僅かな国々に限って、本国に住む者や、肌の色を同じくする同胞たちの民主主義的な活動の自由が、自国経済を活性化できた。追走する国々は、権力を上から作動させてでも、強国への道を急がねばならない。新興のソヴィエト連邦は、国家主導で社会建設に勤しんだ。社会主義の計画経済は、経済主体の第一位に、国家を据える。平等社会の理想を一皮むくと、専制的な力による総動員体制が、無慈悲な姿を覗かせた。一九三〇年代の世界は、一九二九年に起こった大恐慌の影を引きずり、不況の影に包まれる。主要国同士で排他的な経済的勢力圏を構築し合うと、ブロック分けの経済体制は、第一次世界大戦に続くもうひとつの総力戦を招き寄せずにいられない。追走者には、無理が生じた。一八六〇年代や七〇年代に国民国家統合を成し遂げ、先行する豊かな国々の背中を追い掛けていた後発帝国主義国家の一群が、二回目の総力戦で敗者を演じた。第二次世界大戦時の枢軸国、日本やドイツやイタリアは、世界を相手に度を超えた専制国家の振る舞いをみせつけ、敗北によって、焦土をさらした。

軍靴の時代と「君が代」の変貌

戦争の時代に入ると、『君が代』の歌は、国家総動員の装置に使われた。明治政府樹立から敗戦に至る時間は、ほんの八〇年弱である。二一世紀初頭の日本人平均寿命程度にすぎない。〈君が代〉の言葉の意味合いは、ある時以降、戦時の歌に向かって、急速な変化を強制されていた。

『明治開化和歌集』や『俳諧開化集』は、明治一〇年代に編纂された短文の定型詩集である。あちらこちらに、〈君が代〉の語を見掛ける。より良い時代の訪れを言祝ぐ内容が紡がれていた。元々、祝い歌の言葉である。枕詞のように頭で使うと、否定的な内容を続けにくい。賭博禁止令によって博徒の数が少なくなったと歌う和歌〔Ⓐ〕がある。関所廃止令に引っ掛け、年越しが楽だと読んだ俳句〔Ⓑ〕もある。

Ⓐ君が代にうれしくたえてさいの目のひとりふたりも残らざりけり
Ⓑ君が代や年の瀬こすも関はなし

二〇世紀前半期に書かれた《君が代研究書》は、事実に則る研究書籍を建て前とした。一九二九年の小田切信夫著『国歌君が代講話』も、一九三二年の和田信二郎著『君が代と万歳』も、一九四一年に私家版遺稿集として出版された小山作之助の『国歌君が代の由来』も、一九四三年に出版された出雲路敬和著『古楽の真髄』収録の君が代に関する論文も、いずれもが、積極的に、過去の《君が代》を引用している。文化には、政治と異なる権威があった。国歌以外の《君が代》を紹介すれば、社会のなかで息づく伝統的な《君が代》の文脈を、無視できない。著作は、大日本帝国憲法のもとで書き記された。「大日本帝国ハ万世一系ノ天皇之ヲ統治ス」との記述を第一条に掲げる旧憲法下である。国歌として用いられた『君が代』の〈君〉の意は、天皇以外に考えられない。幾つもの〈君〉が、著者たちの本の内部でせめぎ合っていた。

世論先導者たちの言説は、研究者たちと別物である。歴史や文化に対する遠慮が要らない。雑誌『音楽界』に掲載された『国歌に現はれたる国民性』という一九一七年の文章がある。二

○世紀に入ると、各国国歌の楽譜集や歌詞集が、巷で幾つも手に入った。先立つ書物に収められた各国国歌の歌詞を引き合いに出しながら、筆者は、『君が代』の言葉について、第二次世界大戦中を飾った皇国の熱狂を先導するかのように、熱く論じる。

万世一系の皇室を戴き、三千年間国を東洋の一角に建てゝ赫々《かくかく》たる国威を四方に発揚せる大日本帝国の国歌を見よ
君が代は千代に八千代にさゞれいしの
　いはほとなりて苔のむすまで
皇室の繁栄を祈り天壌《てんじよう》無窮の皇運を祝せる我が国民の精神は此短歌の中に漲れり、忠君愛国の情は遺憾なく此三十一字の間に発露せり。

世界中で、軍服や軍靴が闊歩していた。一九世紀から二〇世紀にかけて、軍隊用行進曲の人気が高い。ジョン・フィリップ・スーザ率いるスーザ吹奏楽団の評判が、世界中を駆け巡っていた。カール・タイケの『旧友』をはじめ、今でも人気の行進曲が、次々と作曲されている。行進曲の音楽的構成は、複雑さや精緻さを避けて通る。その代わり、作曲家も聴衆も、複数の旋律が同時進行する音楽効果を、大いに好んだ。スーザの『星条旗よ永遠なれ』に、典型が聞

こえる。『君が代』のゆったりとした旋律は、低声部で使用すると、高音部に別個のメロディを配置しやすい。日本で活動したドイツ人音楽家フランツ・エッケルトの『大日本帝国国歌行進』や、吉本光蔵の『君が代行進曲』が、曲中で、『君が代』と別旋律を同時に重ねた。エッケルトは更に、前奏部分に、軍隊の突撃ラッパを借用する。エッケルトの工夫の踏襲か、皇国の歌であることの強調か、軍楽隊演奏による『君が代』レコードの幾つかが、歌の旋律に先立ち、軍隊ラッパを吹き鳴らした。倍音だけで組み立てられた軍隊仕様の『君が代』ラッパ信号である。

自国や他国の国歌の扱いについて、海軍礼式令が、法令文の形に明記したしばらくのちのことになる。アメリカ合衆国大使館付海軍武官エドワード・H・ワトソン大佐は、日本海軍に、「日本国歌の言葉の翻訳（translation of the words of the Japanese National Air）」送付を申し入れた。一九二一年五月一七日、海軍は、次のような英訳詩文を依頼者に返送している。

May thy glorious, glorious reign
　Last for ages, myriad ages
Till the shiny pebbles small
　Into mighty rocks shall grow

『君が代』には、幾つもの英文翻訳が存在する。第一章に、ふたつ程紹介しておいた。当時を代表する日本通、アストンとチェンバレンの訳文である。日本の古典文学を紹介する著作中に含まれ、『古今和歌集』の伝統が、強く意識されている。日本文化に親しんだ訳者たちは、いにしえの《賀歌《がのうた》》の伝統を尊重した。〈君〉と〈ミカド〉をきちんと分ける。

　海軍の正式文書にみる『君が代』の印象は、ふたりの英文とまったく異なる。違いは、「君が代は千代に八千代に」の扱いに起因していた。海軍文書の翻訳は、〈治世〉を表わす〈reign〉の語を用い、〈glorious〉で二回も飾り、〈輝かしい治世〉を強調する。治世の長さを〈myriad〉という大仰な単語で修飾し、〈無窮の歳月〉と飾り立てる。万世一系の皇国日本を意識した英訳のようにも受け取れる。英語学分野の伝説的人物・斎藤秀三郎訳の『君が代』を利用していた。当初、一九〇九年に出版された『日英新婚（Anglo-Japanese honeymoon）むつきの巻』のなかに収録されていた。二〇世紀初頭の約二〇年、日本外交戦略の機軸をなした〈日英同盟（Anglo-Japanese Alliance）〉あっての書物である。見開きページの両方に、慣用的言い回しの日本語と訳文を対応させ、著者のいう〈慣用語法学（イヂオモロジー）〉を実践している。著作の冒頭に、斎藤秀三郎は、自作の和歌を掲げた。須佐之男命《すさのおのみこと》と櫛名田姫《くしなだひめ》にまつわる新婚の歌、

「八雲立つ出雲八重垣　妻ごみに」の一部を引用し、最後の五七七を、「八くもたつ出雲にあらぬイヂオモロジー」で締め括る。〈いずも〉と〈イヂオ〉で韻を踏み、日英の和合を寿いでいた。〈reign〉も〈glorious〉も、ともに英国国歌中に見受ける単語である。同盟国との睦まじい関係を喜び、『君が代』の英文を、英国国歌の内容に近づけようとしたのだろう。あるいは、〈賀歌《がのうた》〉の意味合いを強い言葉で飾り立て、英国国家の末永き繁栄を願ったのかもしれない。

日英の蜜月は、一九二〇年代前半をもって、終わりを告げた。昨日の友が、もはや友ではなくなった。日本の立場は、地球の大地を先んじて植民地化できた欧米諸列強と、大きく異なる。侵略可能な草刈り場として残されていたのは、日本周辺のアジア太平洋地域に限られていた。日本は、世界最初の総力戦時まで地球を支配していた粗暴な帝国主義的論理そのままに、大陸進出への歩みを速める。

石油は、エネルギー源として大切である。船を走らすにも、飛行機を飛ばすにも、液体状の化石燃料がないとはじまらない。軽金属のアルミニウムが、戦略物資としての重要度を増していた。飛行機の機体を軽くでき、格段に飛行能力を上げられる。アメリカ合衆国の場合、インディアンから奪い取った土地に、石油やアルミの原料ボーキサイトが眠っていた。中国東北部の満州の大地にも、鉄鉱石やボーキサイトや石炭の地層が存在する。石炭層を被覆《ひふく》して、油を含んだ石、油母頁岩《ゆぼけつがん》（オイルシェール）の層が走る。当時のニュースは、「採れ油の石、採れ石炭」と、満蒙開発に旗を振った。総力戦の命運は、天然資源の確保にかかっている。戦局が中国大陸から太平洋に拡大すると、日本はすぐさま、ボルネオの油田地帯やアルミニウムに富むマレー半島に向けて、侵略の兵を差し向けた。

全体主義国家の聖歌として

映画という文化が、一九三〇年代に、大変革を体験していた。無声の映像に、音が付いた。有声の映画が、無声映画に取って代わった。筋立てを通して都市のモダンを描き、地方や農村の模様を活写し、時代劇に過去を覗くばかりが、映画ではないだろう。劇映画があれば、ニュース映画も存在する。目と耳を同時に刺激でき、遠方の出来事を生々しく伝える報道映像の効果は、強く人々の心に訴え掛けた。南京に入城する日本軍の映像や、紀元二六〇〇年を祝う皇居前広場の式典映像にかぶさって、『君が代』の音が響きはじめる。一九四一年一月以降、社団法人日本映画社制作の日本ニュースが、全国の映画館で強制上映されていた。

満州国の建国は、一九三二年の出来事である。一九三五年には、天皇機関説と天皇主権説を巡る事件が起きた。〈国体明徴《めいちょう》決議案〉の採択によって、天皇の神格化が大いに進んだ。日中戦争は、一九三七年にはじまる。国民に滅私奉公を求めて、〈国民精神総動員〉運動が開始された。修身の教科に、『君が代』が取り込まれる。一九三八年には、〈国家総動員法〉が発令され、国家が、独裁権を握りしめた。皇紀二六〇〇年は、西暦一九四〇年である。神国日本の掛け声が喧《かまびす》しく、海外神社の建設が大いに進んだ。一九四一年、学校制度が尋常小学校から国民学校へ改編された。改編の目的は、「皇国ノ道ニ則リテ初等普通教育ヲ施シ」云々の言葉とともに明白である。社会全体が、戦時教育一色に変わった。一九四二年、日米開戦の翌年には、ジャズを主な対象として、米英の音楽に敵性音楽の烙印が押された。光が一点に集約されると、視野が狭まり、周りがみえない。いつの間にか『君が代』が、全体主義国家の聖歌に変貌していた。「世界ニヒトツノ神ノ国」、皇国日本の国歌にほかならない。

『愛国百人一首』という和歌の集成が存在する。内閣情報局によって、一九四二年に編纂された。目的の第一は、皇国意識の徹底にある。戦時中の翼賛運動を反映し、〈大君〉〈天皇〉〈君が代〉の語を含む歌が数多い。全体の四分の一に及んでいた。そのうちの半数強が、〈大君〉の語に集中する。〈大君〉〈天皇〉の語を用いた昔の歌は、万葉集から持ってこられた。〈君が代〉の用例は、院政期や鎌倉初期の賀歌から抜き出された。近世の歌の作者は、尊王の志士たちに限定される。出典も時代も、はっきりしている。意図的に編まれた戦時中の愛国歌集でさえ、各時代から満遍なく、〈大君〉〈天皇〉〈君が代〉を用いた天皇賛歌を集められない。時局を背景とした伝統の再編には、当然、無理がつきまとう。無理には、破綻が不可避だろう。

第二次世界大戦の戦死者数は、民間人を含め、総計五千万以上の数にのぼった。ソ連と中国二国で三千万に達し、日本の死者は、ポーランド、ドイツに次ぐ五番目である。武力を用い、経済的利得を強国間で取り合った総力戦の結果は、悲惨を極めた。全面戦争の惨状は、人類が受容できる限界を、遥かに超え出た。地球全域を巻き込み、覇権国と挑戦国同士で角突き合わせた大戦争は、ふたつの総力戦をもって、ひとまずの終わりを告げる。植民地だった大地に、新たな国が生まれ、新しい国歌や国旗が数多く誕生する時代に先立ち、一九四五年八月一五日、日本の敗戦を知らせる放送が、ラジオから流れた。日本は、ポツダム宣言を受諾し、無条件降伏を受け入れた。

終章　その後の『君が代』

いっときの政治か、千年の文化か

みつ子の魂百までという言葉がある。雀百まで踊り忘れずともいう。人の心に一旦染みついた想いは、時間を超えて生き続ける。強度を伴った人の想いは、長く心に居座って、容易に姿を転じない。生きる社会が異なれば、考え方は、自ずと異なる。世代間の違いは、ものの見方の差異となって、社会内部に跳ね返る。

二〇世紀前半に、世界全体を巻き込んでの総力戦が、ふたつ起こった。一回目の総力戦に漁夫の利を得た日本は、二回目の戦いで徹底的に打ちのめされた。勝敗の帰趨に決着がついてのち、各地で玉砕を繰り返し、戦闘状態維持のためだけに特別攻撃を繰り返し、空襲に都市を焼き尽くされた。広島と長崎が、新型爆弾の閃光とともに灰燼《かいじん》に帰した。

占領統治を体験し、主権回復の日が近づくにつれ、近過去の記憶を呼び覚ます国家表象への疑念表明が、ジャーナリズムの表面を賑わしはじめた。〈日の丸〉や〈君が代〉は、いっとき、人を戦争に駆り立てる装置に用いられた。激動の体験は、大きな爪痕となって戦後社会に残存する。敗戦後四半世紀を過ぎようと、半世紀の時を経過しようと、一旦心に染みついた想いは、そう簡単に消去できない。社会を覆った時局的用法への反発が、皇国の歌への反対感情となって作用していた。戦後の〈反・君が代〉感情には、根拠がある。

戦争の足音が高まる一九三六年、一冊の英語の著作が世に出された。著者は、英文学者の宮森麻太郎である。『古今名歌集（Masterpieces of Japanese poetry, ancient and modern）』と題され、『君が代』初出の和歌を含んでいた。〈May my dear friend live for a thousand…〉との英文が、「わがきみは千代に…」の訳に当たる。「古今集時代の〈我が君（Waga kimi）〉は、〈親しい友（My dear friend）〉を意味する」と、英語で説明されていた。後年起こった意味の取り違えが、『君が代』を天皇の歌に変貌させた。『君が代』の冒頭を、「May our lord live for a thousand…」と英語に直したのは、英国人のG・W・アストンである。B・H・チェンバレンもまた、「Live on, my lord…」と翻訳していた。ふたりの訳は、二〇世紀前半の日本で評価が高い。ともに、〈君〉の訳語として、〈Lord〉ではなく、〈lord〉を用いる。千年を超える文化の普遍は、力を有する。大文字にはじまる〈Lord〉でさえ、たったひとりのミカドを指し示せないのに、わざわざ小文字の〈lord〉を使用した。日本に在住し、日本文化の吸収に努めた人物の英訳である。当時の日本人の感覚が、言葉の選択に影響している。《君が代》の言葉を巡って、知的階層の教養に、一定水準の共通認識がみて取れる。天皇主権が強調された時代にあっても、歌を皇国賛歌一辺倒に染め上げてしまうほど、人の心は、やわではなかった。

日本は、過去に何度か、国歌を作り替えている。国歌変更に関して、ウブとはいえない。英国人軍楽隊長フェントンの旋律が、明治の初期に、式部寮雅楽課に所属する楽人たちの曲と取り換えられた。日本の傀儡国家、満州国の例もある。〈マンジュ・グルン（我らの国）〉とツングース系の言葉で呼ばれた土地を国土に、清朝最後の皇帝・愛新覚羅溥儀《あいしんかくらふぎ》を帝国の顔に据え、三〇を上回る国家承認を勝ち得た名目上の独立国家である。国家は、国歌を必要とした。当局の要請に応じて作曲や補作に携わったのは、山田耕筰・園山民平・信時潔など、日本人ばかりである。満州国国歌として作られた曲は、作年を違えて三作あった。変更は、二回を数える。時局が求める歌ならば、折々の状況に対処して、歌詞も旋律も、いとも簡単に取り換えられる。満州では、事情に応じて歌詞を変え、新規にメロディを作り直した。歴史の浅い歌と、背後に豊かな歴史を潜ませた歌では、事情が異なる。《君が代》の伝統は、満州国歌と比べて、遥かに根深い。総力戦遂行に向けて『君が代』を利用した社会の内部で、伝統に育まれた言葉の意味合いが命脈を保ち、邦楽分野の《君が代》が響いている。僅かな期間の特殊用法を罪状に掲げ、国歌の座から『君が代』を放逐できなかった裏にも、事情が潜んだ。

今ひとたびの脱亜と入欧

戦局が太平洋に拡大して以降、日本の国力は、無理が祟って大きく落ちた。ひとり当たりの実質GDP数値が、日米開戦の年、一九四一年の水準に回復するまで、一九五六年を待たねばならない。一五年程の時間を必要とした。二〇世紀の中頃から後半にかけて、日本ばかりか、東アジア全域の経済が、停滞を体験している。日本との戦争に勝利した中国のその後は、内戦の日々である。蔣介石の国民党と毛沢東の共産党とが、互いにしのぎを削り合った。共産中国確立後になっても、文化大革命の混乱が待ち受けている。朝鮮半島は、南北に分断された。一九五〇年になると、朝鮮戦争が開始される。

長期的にみる限り、地球全体の経済規模は、有史以来、一世紀の時間とともに、いつも着実に拡大してきた。地球経済の長期趨勢に詳しい英国人経済学者アンガス・マディソンの統計資料を参照すると、数千年来、人類経済の伸び率は概ね、百年間で数パーセント程度である。近代の手前とあととで、経済発展の様子は、大きく異なる。一八世紀を迎えると、成長度合いが、八割増しに頭をもたげた。一九世紀の百年で、約三倍へと拡大した。二〇世紀は、極端な世紀である。一〇倍を軽く超え、一五倍を凌駕し、一八倍まで膨れ上がった。アジアやアフリカの伸び率には、限界を伴う。過去の水準を継続させられてでもいるかのように、二〇世紀最後の四半世紀に至るまで、頭を上から押さえつけられていた。ながらく文明先進地帯だった東アジアの世界に占める経済比率は、二〇世紀の中葉期に、過去二千〜三千年来の最低水準を記録する。成長の果実をほぼ独占的に握りしめていたのは、西洋社会にほかならない。影を背負ったアジアに比べ、西洋文明の放つ光は、戦後の日本人の眼差しに、以前にも増して神々しかった。

ＮＨＫ放送文化研究所が、一九五三年時点の日本人の音楽嗜好を調査している。人気の第一位は、歌謡曲だった。第二位と鼻の差ながら、七四パーセントの人々に好まれた。七三パーセントの人が浪曲を愛で、六四パーセントの人々が俚謡民謡を支持した。四位の俗曲のあとには、三曲分野の箏曲地唄尺八が五位で続いた。別個に数値がとられた長唄と常磐津を合計すると、第四位の俗曲にほぼ肩を並べる。一九五〇年代前半期には、まだ、明治・大正期生まれの人々の顔を数多く見受けた。世代の入れ替わりと、時の進行は、同調している。日本人の音楽嗜好は、戦後社会の進展につれて、大きく変わった。一九六〇年代に入ると、日本人の教養の素地から、次第に、日本の伝統音楽文化が滑落していく。戦後の風潮は、日本的なるものを、生活の身近から遠ざけた。日本文化への興味が萎むと、《君が代》の裾野に広がる多様な意味合いが、水平線の向こうに姿を隠して、人々の意識の上まで這い上がってこない。今ひとたびの脱亜と入欧は、明治の脱亜入欧を遥かに超え出た。

最後に

戦後社会の内側で、戦時体制下の〈日の丸〉や〈君が代〉の扱いが、心のしこりを生んでいた。国旗に増して、国歌の方に、一層のわだかまりが残った。

〈日の丸〉の基本の図柄は、単色の地の中央に円を配して出来上がる。古くから、旗印や軍扇に使用されていた。折に触れて戦場に持ち込まれ、戦いの情景に彩りを添えた。戦争と〈日の丸〉とは、浅からぬ縁《えにし》につながる。《君が代》の伝統は、本来、戦いの価値観と真逆だろう。〈君が代〉の言葉にまつわる歌は、日本文化のなかで、いつも安寧を言祝いで歌われ続けた。目線の先には、平和がある。二〇世紀に入り、総力戦の装置に担ぎ出されるまで、戦争と《君が代》は、お互い同士、背中を合わせて別方向を向いていた。

今日国歌として歌われる『君が代』は、音節数三二、僅か一一小節の小品にすぎない。歌い継がれた言葉を継承し、維新後に新たな節付けが施された小品である。大音楽家たちの手になる古今東西の傑作群とは、音楽的意味合いにおいて、質を違える。天から賦与された人間能力の極みを味わう作品とはいえない。叡智の先端であるより、匿名性に通じる小ささが、曲を特徴付けている。言葉も、詠み人知らずだった。古代の無名の歌詠みと、明治の音楽家が時を超えて出会い、文明開化の刻印を印す雅楽様式の歌が生まれた。歌の匿名的な性格の内懐で、歴史のひだが声を潜める。多様な日本が層をなしている。《君が代》という覗き窓を通し、日本や世界を眺めると、思いのほかに多くの情報と触れ合える。

人類は、第二次世界大戦終了時から二一世紀に至るあいだで、目覚ましい経済発展を成し遂げた。人口を増やし、エネルギーの使用量を拡大させた。今日、グローバル化した経済が、全地球を覆い尽くしている。今と昔で、国家という統合体の持つ意味合いは、大きく変わった。国歌の役割も、ナショナリズムの嵐が吹き荒れた時代と別物である。時は、休みなく歩みを続け、絶え間なく、過去を足許に積み上げる。積み上げられた事実に、改変はきかない。『君が代』が国歌であろうとなかろうと、日本が培ってきた《君が代》にまつわる事柄は、今後とも、未来永劫存在し続ける。現行の国歌を否定するにしろ、肯定するにしろ、社会のなかでどう用いるにしろ、作り替えるにしろ、いっときの特殊使用に拘泥したやりとりをすると、多くの事柄が抜け落ちていけない。立ち位置と、みる方向次第で、目に飛び込む景色は様々に変わる。大きな様相をつかみ取るには、俯瞰で眺望する以外に、手立てがなかろう。

あとがき

ここ数年来、自宅でささやかな知的サロンを催している。劇映画、記録映画などから音楽シーンを抜き出し、音楽ビデオの資料を交え、音楽に関する画像を見聞きしながら、集まってきた仲間と話し合う毎月の集いである。扱う地域や分野を限定せず、回ごとに内容を違える。参加者には、〈杜《もり》こなて〉が音楽家であるにもかかわらず、他分野の方々が数多い。ある回の歓談の折、ふとしたことをきっかけに、日本の国歌が話題にのぼった。その際、『君が代』で聞き知った言葉と日本の伝統音楽との関係について言葉を発すると、出席していた編集者の森淳二氏が興味を示した。編集者としての嗅覚なのだろう。著作の可能性について、打診を受けた。

それからしばらくあとのことになる。勤務先の中央大学の教員たちの集う小さな文化論ワークショップの場で、発表の順番が、杜こなて（♂）のところに回ってきた。論題を問われたとき、幾つかのテーマをリストアップしたのは勿論のこと、ふと思いつき、軽い冗談のつもりで「君が代などはどうでしょう」と一言加えた。思いもかけず、白羽の矢は、〈君が代〉の上に立てられた。要望に応じ、伝統邦楽曲の一部を聞かせながら話をすると、参加者が皆、興味深そうに耳を傾けてくださる。友人の社会心理学者の会で話させてもらった折にも、似たような反応が返ってきた。世の中に張られた網の目は、不可思議なネットワークを編んでいる。虎の尾を踏むことを嫌って避けていた気持ちに、変化が生じた。

執筆者が、作曲家だからだろう。本の構成に想いを巡らすと、すぐに気になりだしたのが、ベートーヴェン晩年の大作『ディアベリ変奏曲』の構築法である。ベートーヴェンは、手垢のついたアントニオ・ディアベリの曲を素材に、長大で大胆な傑作を完成させた。作曲分野の大先達のひそみに倣い、楽音の代わりに言葉を使って、多方面から事象を練り上げる可能性を検討してみた。『君が代』や、その背後にある《君が代》の歌の文化は、歴史や世界を多面的に覗く格好の案内役たりうる。著作の出発点は、歌に狂言回しの役を演じてもらおうとの着想にあった。

序章は、簡潔な主題提示である。終章は、後奏曲に相当する。序と終章のあいだに挟まれているのが、一話完結の形を取り、次から次へと話題を転じる《君が代》にまつわる一編一編である。音楽家の感触でいえば、変奏曲の変形にほかならない。著作は、五章立てとして立案された。みっつの話で、ひとつの章が組み上がる。各章ごとの文章量は、四百字詰めの原稿用紙枚数で、当初、次のように立案されていた。章の進展に伴って、言葉の量が増していく。

▼序章：五枚迄　▼第一章：一〇枚迄　▼第二章：約一五枚　▼第三章：二〇枚程

▼第四章：二五枚前後　▼第五章：三〇枚程度（結果として第三節は三五枚に拡大）

▼終章：一〇枚

執筆に先立つ大まかな見取り図的数値である。書き終えてみると、本文全体の分量が、三百枚を少々超え出た。

譬えていうなら、著作の構図設定は、釣り糸を垂れる釣り場の選択とよく似ている。釣り糸を垂らす場所と、釣れる魚とのあいだには、なんらかの相関関係があり、勘所を間違えると、いくら時間を費やしたところで、魚は釣れない。音楽家の好奇心が選び取った章や節の配置である。『君が代』について本を書かれた多くの方々の問題意識と、少々異質な切り口を選んだ可能性が高い。『君が代』という歌の背後には、日本の伝統に培われた数多くの《君が代》の文化が存在している。海の向こうとのつながりも、書いているあいだじゅう、気に掛かって仕方がなかった。《君が代》を巡り、様々な分野の情報が、複雑に、また微妙にもつれ合っている。その景色の面白さが、言葉と格闘しているあいだじゅう、私たちの背中を押してくれていた。

書き手の〈杜こなて〉は、夫婦共作の作曲家である。筆名として、若い頃に当時四歳の息子共々一年ほど住んだ西アフリカによくある名前を活用している。日本風に〈てこな〉や〈こてな〉と頻繁に間違えられるが、名前の出処《でどころ》は、アフリカにある。欧米由来ではないし、日本でもない。地球大で音楽を捉えたく、若さの勢いにアフリカ大陸を目指した頃の心根が、日本に馴染みのない筆名に反映されている。夫婦で用いるため、性差や領域を感じさせないペンネームが欲しかった。日本だけに自閉して《君が代》を語りたくなかった理由も、恐らく、自分たちの立ち位置と密接につながり合っているのだろう。

執筆には、一年半強の時間を要した。五線紙に音符を少しずつ植え込みながら曲を完成させていくように、走りながら考え、考えながら走り、音符の代わりに文字を置いた。作曲作業同様、白紙状態からの旅立ちである。〈知りたがり〉や〈やりたがり〉を心の軸に、二〇世紀から二一世紀を生きてきた音楽家の書き下ろしとお考えいただきたい。

夫婦共作の作曲家として活動している以上、曲作りは、ふたりで雁首を揃えての共同作業となる。作曲作業は、ふたりで行う。文殊の知恵となるには僅かに人数不足でも、たったひとりの小さな世界に自閉する危険を避けて通れる。残念ながら、他の事柄となると、そうは問屋が卸してくれない。ピアノを弾く片割れの演奏を両者の努力で作ったところで、実際の音は、一方の杜こなて（♀）しか鳴らせない。この本の文章は、もう一方の杜こなて（♂）の体を通した。実際に手を下している立場を演奏家と置くなら、もう一方は、指揮者に当たる。プロデューサーと現場の関係かもしれない。ふたりで行ってきた音楽作業や、ふたりで為した著作に向けての土台作りが、分厚い塊をなしている。著作もまた、曲や演奏同様、ふたりの作品と考える。文章を書く立場に身を置き、歴史を通して積み上げられた《君が代》やその周辺を眺望する企てに挑み、やれるだけのことはやった気がする。書き終えた今、ふたりして曲を一作完成させたときと似た感触を、自分たちの体を通して感じている。

資料漁りや内容チェックに助手のような役目を演じてくれたエッセイストの大端みや乃さんをはじめ、様々な情報を貯蔵している施設や場所、刺激や情報を与えてくださった多くの方々に感謝をしたい。私たちふたりの力だけでは、成し遂げられない。随分と多くの方々から、知的刺激を頂戴した。具体的な情報を拝借した。世界が溜め込んだ情報の網目に釣り糸を垂らすことで、この本は生まれた。企画・編集・出版に係わってくださった人々にも、謝意を表する。個別の命は、世界の内部で有限な時間を生きている。当たり前のことながら、個人は小さく、世界は大きい。

二〇一四年一〇月

杜こなて（吉田耕一＋長与寿恵子）

引用文献表　＊特別に抜き出したものに関して

文献	出典
第一章　みっつの切り口	
一　国歌という文化	
アストンによる『君が代』の英訳	W.G.Aston, *A History of Japanese Literature* (William Heinemann) Internet Archive
チェンバレンによる『君が代』の英訳	B.H.Chamberlain, *The Classical Poetry of The Japanese* (Trübner & Co.) Internet Archive
二　言葉という窓口	
『万葉集』——巻第19－4260、巻第19－4261	『日本古典文学大系7』（岩波書店）
遺書	山口猛監修『映像の証言　満州の記録14』（テンシャープ）一九九四　ほか
三　伝統邦楽との係わり	
落語『うどん屋』——長唄『越後獅子』	浅川玉兎『長唄名曲要説』（日本音楽社）
長唄『君が代松竹梅』	浅川玉兎『長唄名曲要説』補遺
長唄『老松』	浅川玉兎『長唄名曲要説』
箏曲『千鳥の曲』	今井通郎『生田山田両流箏唄全解　中』（武蔵野書院）

地歌箏曲『難波獅子』　今井通郎『生田山田両流箏唄全解 中』

第二章　手掛かりとしての伝統文化

一　和歌の伝統といにしえの《君が代》

『古今和歌集』――巻第七 賀哥　『日本古典文学大系8』

『和漢朗詠集』――巻下 祝776　『日本古典文学大系73』

『万葉集』　『日本古典文学大系4・7』
――第巻4－495、巻第4－552、巻第16－3834

二　神社の祭祀に潜む記憶

神楽歌　『日本古典文学大系3』

風土記歌謡　『日本古典文学大系3』

入来神楽　鹿児島県薩摩郡入来町誌編纂委員会編『入来町誌下巻』

志賀海神社の山誉め祭　谷川健一編『日本の神々――神社と聖地　1九州』（白水社）
ほか

三　寺院芸能と能の周辺

『和漢朗詠集』――巻下 祝775　『日本古典文学大系73』

興福寺の遐齢延年　『日本歌謡集成巻五』（東京堂出版）

能『翁』　野上豊一郎編『解註謡曲全集巻一』（中央公論社）

能『老松』　野上豊一郎編『解註謡曲全集巻一』

能『春栄』　野上豊一郎編『解註謡曲全集巻五』

能『正尊』　野上豊一郎編『解註謡曲全集巻五』

第三章　草の根への浸透

一　言葉の遊び

『古今和歌集』仮名序	『日本古典文学大系8』
『万葉集』――巻第14―3400	『日本古典文学大系6』
『酉陽雑俎』	段成式／今村与志雄訳注『酉陽雑俎』（平凡社）
『和漢朗詠集 註』	『日本歌謡集成 巻三』
佐陀神能和田本『真切[illegible]』	『日本庶民文化史料集成 第一巻』（三一書房）
『梁塵秘抄』	『日本古典文学大系73』
『日本大文典』	ジョアン・ロドリゲス／土井忠生訳註『日本大文典』（三省堂）
隆達節歌謡	『日本庶民文化史料集成 第五巻』
高三隆達自筆の掛け軸（興意公宛断簡）	『日本庶民文化史料集成 第五巻』
『古事記』	『日本古典文学大系1』

二　語りと筆写と印刷物

『恨の介』（古活字本）	『日本古典文学大系90』
『恨の介』（流布本）	国民図書株式会社編『近代日本文学大系――假名草子集』
『義経記』	『日本古典文学大系37』
『詞花和歌集』	『新日本古典文学大系9』（岩波書店）
春日大社と住吉大社の巫女舞	『日本庶民文化史料集成 第一巻』
下北半島の能舞	『日本庶民文化史料集成 第一巻』

『太平記』	『日本古典文学大系36』
『北条五代記』	萩原龍夫校注『北条史料集』（人物往来社）
『お伽草子』の『さゞれ石』	『日本古典文学大系38』
田楽『菊水』	『日本歌謡集成巻五』
伴信友『古詠考』	国立国会図書館近代デジタルライブラリー
日光山常行堂延年行事	『日本庶民文化史料集成 第二巻』
入来大宮神社の神楽歌	渡辺伸夫『鹿児島県入来神舞資料』――『演劇研究』第十四号（早稲田大学演劇博物館）
三　吉祥好みとその広がり	
琉球古典歌曲『柳節』	比嘉剛編著『五線譜工工四 三線独習書――古典編 Vol.3』（Ruon社）
三味線組歌『琉球組』	日本古典音楽大系 第三巻『箏曲・地歌・尺八』解説書（講談社）
『吉原はやり小歌総まくり』	『日本歌謡集成巻九』
『女里弥寿豊年蔵』	『日本歌謡集成巻九』
『新編江戸長唄集』	『日本歌謡集成巻九』
台湾アミ族の歌	『地球の音楽――台湾／天性の音楽家たちI』
御船歌（浅野藩・尾張藩）	『続日本歌謡集成巻三』（東京堂出版）
御船歌（幕府が使用）	『日本庶民文化史料集成 第五巻』
句集『麦林集』	『古典俳文学大系』（集英社）

『俳諧七部集』	萩原蘿月校註『俳諧七部集』（朝日新聞社）
能郷狂言『加賀越前』	宮尾しげを『地方狂言の研究』（檜書房）
『彩画職人部類』から『硝子（ビイドロ）』	『日本庶民生活史料集成 第三十巻』（三一書房）
『祖師聖人御一代記』	『日本庶民文化史料集成 第八巻』
『諸芸口上集』	『日本庶民文化史料集成 第八巻』
越前萬歳	『日本庶民生活史料集成 第十七巻』
第四章　維新のまえ・あと	
一　雅の役割	
『新編江戸長唄集』	『日本歌謡集成巻九』
『女里彌壽豊年藏』	『日本歌謡集成巻九』
『古今和歌集』仮名序	『日本古典文学大系8』
『古今二和歌（こきんにわか）集序』	『日本庶民文化史料集成 第八巻』
能『羽衣』	野上豊一郎編『解註 謡曲全集 巻二』
能『養老』	野上豊一郎編『解註 謡曲全集 巻一』
能『難波』	野上豊一郎編『解註 謡曲全集 巻一』
薩摩琵琶楽	島津正編著『薩摩琵琶の真髄』（ぺりかん社）
二　出会いと変容	
末松謙澄『歌楽論』	『新日本古典文学大系 明治編11』
小学唱歌集第三編『やよ御民』	国立国会図書館近代デジタルライブラリー
小学唱歌集初編『君が代』	国立国会図書館近代デジタルライブラリー

三　開化の渦中の日本音楽

胡弓本曲（箏唄）『鶴の巣籠』	今井通郎『生田山田両流箏唄全解』
歌舞伎『忠臣蔵年中行事』	日本名著全集 江戸文芸之部第八巻『歌舞伎脚本集』（日本名著全集刊行会）
吉備楽『君が代』	岸本芳武『吉備楽歌琴笙譜 上』（清滝堂）
奥好義が残した作曲事情――和田信二郎『君が代と万歳』より	『君が代史料集成Ⅳ』（大空社）
恒川鐐之助校閲・撰曲：愛知県普通唱歌集第六曲『君が代』	早稲田大学古典籍総合データベース

第五章　国際社会の渦へ

一　一九世紀の国歌事情

清朝礼部による上奏文	小野寺史郎『国旗・国歌・国慶――ナショナリズムとシンボルの中国近代史』（東京大学出版会）
『紀元二千五百四十年明治十三年国歌君が代之起源』より	国立歴史民俗博物館特集展示――南都楽人辻家資料
英吉利、魯細亜、澳国国歌	伊沢修二編著／山住正巳校註『洋楽事始――音楽取調成績申報書』（平凡社）
『万葉集』――巻第1－10、巻第14－3448	『日本古典文学大系4・6』
皇太宮年中行事・六月十五日贄海神事歌	『日本古典文学大系3』
江戸城正月の大奥の儀式	高柳金芳『幕末の大奥』（雄山閣）

二　国民の創生	
仏蘭西国国歌	伊沢修二編著／山住正巳校註『洋楽事始——音楽取調成績申報書』
文部省による日本国歌按（神器・尊王愛国ほか）	『日本近代思想体系18　芸能』（岩波書店）
三　せめぎ合い	
宮城道雄作曲『尾上の松』『編曲松竹梅』歌詞	吉川英史・宮城喜代子監修『宮城道雄大全集』解説書（ビクター音楽産業）
小田切信夫『国歌君が代講話』序文	『君が代史料集成Ⅲ』
『明治開化和歌集』	『新日本古典文学大系　明治編4』
『俳諧開化集』	『新日本古典文学大系　明治編4』
『国歌に現はれたる国民性』	『君が代史料集成Ⅰ』
斎藤秀三郎訳『君が代』	国立公文書館アジア歴史資料センター＋斎藤秀三郎『日英新婚むつきの巻』（興文社）

資料案内

映像資料

編集委員／網野善彦・大隅和雄・小沢昭一・服部幸雄・宮田登・山路興造『大系日本歴史と芸能――音と映像と文字による』平凡社、一九九〇〜九二年
岸辺成雄・平野健次・増田正造・高橋秀雄・服部幸雄・蒲生郷昭監修『音と映像による日本古典芸能大系』日本ビクター、一九九一年
藤井知昭監修『天地楽舞――中国五十五少数民族民間伝統芸能大系』日本ビクター、一九九五〜九七年
拓植元一監修 下中記念財団 企画・制作・著作『重要無形文化財 雅楽』平凡社、一九九九〜二〇〇〇年
米欧亜回覧の会『岩倉使節団の米欧回覧』慶應義塾大学出版会、二〇〇六年

録音資料

石川宏平（企画制作）『君が代のすべて』キングレコード、二〇〇〇年
日本伝統音楽芸能研究会編『日本の音 邦楽百科入門シリーズ カセットブック』音楽之友社、一九八七〜八八年
都家歌六ほか監修『全集日本吹き込み事始――一九〇三年ガイズバーグ・レコーディングス』ユニバーサルミュージック、二〇〇一年
クリストファ・N・野澤原案／海老沢敏総監修『日本SP名盤復刻選集』ロームミュージックファンデーション、二〇〇四〜〇九年
国立国会図書館『デジタル化資料 歴史的音源』国立国会図書館

君が代関係資料

繁下和雄・佐藤徹夫編『君が代史料集成』大空社、一九九一年
佐藤徹夫編『君が代関係文献目録』国立音楽大学附属図書館、一九九二年
繁下和雄監修『新聞集成 日の丸・君が代』大空社、一九八九年
山田孝雄『君が代の歴史』宝文館出版、一九五六年
出雲路敬和『古楽の真髄――神祇と音楽・国歌の精神』櫻橘書院、一九四三年
佐藤仙一郎『日本国国歌正説』全音楽譜出版社、一九七四年
小田切信夫『国歌君が代の研究』平凡社、一九六五年
田中伸尚『日の丸・君が代の戦後史』岩波書店、二〇〇〇年
澤鑑之丞『海軍七十年史談』文政同志社、一九四二年

古今集と和漢朗詠集

契沖『古今余材抄』（久松潜一 監修 契沖全集第八巻）岩波書店、一九七三年
本居宣長『古今集遠鏡』（今西祐一郎 校注）平凡社、二〇〇八年
窪田空穂『古今和歌集評釈』東京堂出版、一九六〇年
久曽神昇『古今和歌集成立論』風間書房、一九六〇〜六一年
伊藤正義・黒田彰編著『和漢朗詠集古注釈集成』大学堂書店、一九八九年

日本古典文学の英訳本

William George Aston, *A History of Japanese Literature*, William Heinemann, 1899
Basil Hall Chamberlain, *The Classical Poetry of the Japanese*, Trübner & Co., 1880
斎藤秀三郎『日英新婚（*Anglo-Japanese honeymoon*）むつきの巻』興文社、一九〇九年

宮森麻太郎『古今名歌集 *Masterpieces of Japanese poetry, ancient and modern*』丸善、一九三六年

日本文化全般に関する資料

高木市之助・西尾実・久松潜一・麻生磯次・時枝誠記監修『日本古典文学大系』岩波書店、一九五七〜六七年
中野三敏・十川信介・延広真治・日野龍夫編『新日本古典文学大系 明治編』岩波書店、二〇〇一〜一三年
高野辰之編『日本歌謡集成』東京堂出版、一九六〇〜六一年
新間進一・志田延義・浅野建二編『続日本歌謡集成』東京堂出版、一九六一〜六四年
芸能史研究会編『日本庶民文化史料集成』三一書房、一九七三〜七八年
谷川健一・宮田登ほか編『日本庶民生活史料集成』三一書房、一九六八〜八四
福田晃・渡辺昭五ほか編『講座日本の伝承文学』三弥井書店、一九九四〜二〇〇四年
芸能史研究会編『日本芸能史』法政大学出版局、一九八一〜九〇年

日本古代と文化・芸能

上田正昭『神道と東アジアの世界』徳間書店、一九九六年
諏訪春雄・川村湊編『日本人の出現——胎動期の民族と文化』雄山閣、一九九五年
岡部隆志・手塚恵子・真下厚編『歌の起源を探る歌垣』三弥井書店、二〇一一年
工藤隆『歌垣と神話をさかのぼる——少数民族文化としての日本古代文学』新典社、一九九九年
鈴鹿千代乃『神道民俗芸能の源流』国書刊行会、一九八八年
今井通郎『日本歌謡の音楽と歌詞の研究』学術文献普及会、一九六七年
本田安次『日本の伝統芸能 神楽I』錦正社、一九九三年
真鍋昌弘・上岡勇司・真下厚編『韻文文学〈歌〉の世界』(講座日本の伝承文学第二巻)三弥井書店、一九九五年
小沢正夫『万葉集と古今集——古代宮廷叙情詩の系譜』新典社、一九九二年

山中裕・鈴木一雄編『平安時代の儀礼と歳事』至文堂、一九九四年
㈶日本文化財団編『和歌を歌う――歌会始と和歌披講』笠間書院、二〇〇五年

日本中世と文化・芸能

山路興造『翁の座――芸能民たちの中世』平凡社、一九九〇年
山路興造『中世芸能の底流』岩田書院、二〇一〇年
脇田晴子『女性芸能の源流――傀儡子・曲舞・白拍子』角川選書、二〇〇一年
森末義彰『中世芸能史論考――猿楽の能の発展と中世社会』東京堂出版、一九七一年
守屋毅『中世芸能の幻像』淡交社、一九八五年
諏訪春雄『日中比較芸能史』吉川弘文館、一九九四年
江馬務『風流と習俗』（江馬務著作集第9巻）中央公論社、一九七七年
塚崎進『物語の誕生』（民俗民芸双書42）岩崎美術社、一九六九年
岡見正雄『室町文学の世界――面白の花の都や』岩波書店、一九九六年
野上豊一郎編『解註謡曲全集』中央公論社、一九八四〜八六年

日本近世と文化・芸能

小野恭靖『戦国時代の流行歌――高三隆達の世界』中央公論新社、二〇一二年
ジョアン・ロドリゲス／土井忠生訳註『日本大文典』三省堂、一九五五年
平賀禮子『御船歌の研究』三弥井書店、一九九七年
島津正編著『薩摩琵琶の真髄』ぺりかん社、一九九三年
今井通郎『生田山田両流箏唄全解』武蔵野書院、一九七四〜八〇年
吉川英史『日本音楽の美的研究』音楽之友社、一九八四年

高柳金芳『幕末の大奥』雄山閣、一九七四年

日本を取り巻く世界の景色

パトリック・オブライエン／秋田茂・玉木俊明訳『帝国主義と工業化 1415-1974 ——イギリスとヨーロッパからの視点』ミネルヴァ書房、二〇〇〇年
木村雅昭『帝国・国家・ナショナリズム——世界史を衝き動かすもの』ミネルヴァ書房、二〇〇九年
ヴォルフガング・J・モムゼン編／川鍋正敏、酒井昌美訳『帝国主義と国民統合』未来社、二〇〇二年
木畑洋一『イギリス帝国と帝国主義——比較と関係の視座』有志社、二〇〇八年
東田雅博『大英帝国のアジア・イメージ』ミネルヴァ書房、一九九六年
加藤祐三・川北稔『アジアと欧米世界』（世界の歴史25）中央公論社、一九九八年
E・ホブズボウム、T・レンジャー編／前川啓治、梶原景昭ほか訳『創られた伝統』紀伊國屋書店、一九九二年
長田豊臣『南北戦争と国家』東京大学出版会、一九九二年
小野寺史郎『国旗・国歌・国慶——ナショナリズムとシンボルの中国近代史』東京大学出版会、二〇一一年
河口道朗『音楽教育の理論と歴史』音楽之友社、一九九一年
井野瀬久美恵『大英帝国はミュージックホールから』朝日新聞社、一九九〇年
ピエール・サカ／永瀧達治監訳『シャンソン・フランセーズ——その栄光と知られざる歴史』講談社、一九八一年
Richard Grant White, *National Hymns : How They are Written and How They are not Written*, Rudd & Carleton, 1961

幕末から明治へかけての日本

田中彰編『世界の中の明治維新』吉川弘文館、二〇〇一年
西川長夫・松宮秀治編『幕末・明治期の国民国家形成と文化変容』新曜社、一九九五年
松下鈞編『異文化交流と近代化——京都国際セミナー 1996』大空社、一九九八年

M・ウィリアム・スティール『もう一つの近代――側面からみた幕末明治』ぺりかん社、一九九八年
島田征夫『開国後日本が受け入れた国際法――19世紀における慣習国際法の研究』成文堂、二〇一三年
東アジア近代史学会『東アジア近代史第2号・第3号／特集 東アジアにおける万国公法の需要と適用&アジアにおける近代国際法』ゆまに書房、一九九九〜二〇〇〇年
W・G・アストン／安田一郎訳『神道』青土社、二〇〇一年

維新と音楽

倉田喜弘『海外公演事始』東京書籍、一九九四年
㈶開国百年記念文化事業会編／㈶東洋文庫蔵版『音楽演芸』（明治文化史第9巻 小宮豊隆編）原書房、一九八〇年
内藤高『明治の音――西洋人が聴いた近代日本』中央公論新社、二〇〇五年
中山エイ子『明治唱歌の誕生』勉誠出版、二〇一〇年
塚原康子『十九世紀の日本における西洋音楽の受容』多賀出版、一九九三年
海後宗臣・仲新編『唱歌』（日本教科書大系 近代編第25巻）講談社、一九六五年
中村洪介『西洋の音、日本の耳――近代日本文学と西洋音楽』春秋社、一九八七年
遠藤宏『明治音楽史考』有朋堂、一九四八年
奥中康人『国家と音楽――伊沢修二がめざした日本近代』春秋社、二〇〇八年
伊沢修二編著／山住正巳校註『洋楽事始――音楽取調成績申報書』平凡社、一九七一年
山住正巳『唱歌教育成立過程の研究』東京大学出版会、一九六七年

近代と音楽文化

ローランド・ジェラット／石坂範一郎訳『レコードの歴史――エディソンからビートルズまで』音楽之友社、一

九八一年
村越光男・佐藤孝大編『昭和歌謡全曲名（戦前・戦中編）――昭和流行歌総覧索引』つげ書房新社、二〇〇六年
日本放送協会編『昭和六年ラヂオ年鑑』大空社、一九八九年
谷村政次郎『日比谷公園音楽堂のプログラム――日本吹奏楽史に輝く軍楽隊の記録』つくばね舎、二〇一〇年
吉見俊哉『「声」の資本主義――電話・ラジオ・蓄音機の社会史』講談社、一九九五年

戦争の時代

樺山紘一・坂部恵・古井由吉ほか編『20世紀への問い』（20世紀の定義1）岩波書店、二〇〇〇年
メトロポリタン史学会編『20世紀の戦争――その歴史的位相』有志舎、二〇一二年
『20世紀の中のアジア・太平洋戦争』（岩波講座 アジア・太平洋戦争8）岩波書店、二〇〇六年
細谷千博・本間長世・入江昭・波多野澄雄編『太平洋戦争』東京大学出版会、一九九三年
加藤陽子『それでも、日本人は「戦争」を選んだ』朝日出版社、二〇〇九年
朝日新聞社『大戦ポスター集』朝日新聞社、一九二一年
国際聯盟編『世界経済概観一九三九―四一年』㈶金融研究會、一九四三年
W・G・ビーズリー／杉山伸也訳『日本帝国主義1894-1945』岩波書店、一九九〇年
ジョン・W・ダワー／明田川融監訳『昭和――戦争と平和の日本』みすず書房、二〇一〇年
戸ノ下達也・長木誠司編著『総力戦と音楽文化――音と声の戦争』青弓社、二〇〇八年

そのほか

篠田謙一『日本人になった祖先たち――DNAから解明するその多元的構造』日本放送出版協会、二〇〇七年
斎藤成也『DNAから見た日本人』筑摩書房、二〇〇五年
鬼頭宏『人口から読む日本の歴史』講談社、二〇〇〇年

中根勝『日本印刷技術史』八木書店、一九九九年
西野嘉章編『歴史の文字――記載・活字・活版』東京大学出版会、一九九六年
ダート・ハンター／久米康生訳『古代製紙の歴史と技術』勉誠出版、二〇〇九年
バーナード・コムリー、スティーヴン・マシューズ、マリア・ポリンスキー編／片田房訳『世界言語文化図鑑～世界の言語の起源と伝播』東洋書林、一九九九年
田中克彦『ことばと国家』岩波書店、一九八一年
アンガス・マディソン／金森久雄監訳『世界経済の成長史1820～1992』東洋経済新報社、二〇〇〇年
アンガス・マディソン／金森久雄監訳『経済統計で見る世界経済2000年史』柏書房、二〇〇四年
荒井政治・内田星美・鳥羽欽一郎編『産業革命の技術』有斐閣、一九八一年
アーノルド・パーシー／林武監訳『世界文明における技術の千年史』新評論、二〇〇一年
アルフレッド・W・クロスビー／小沢千重子訳『数量化革命――ヨーロッパ覇権をもたらした世界観の誕生』紀伊國屋書店、二〇〇三年
ジョーゼフ・B・ランバート／中島健訳『遺物は語る――化学が解く古代の謎』青土社、一九九九年
ヘルマン・シュライバー／杉浦健之訳『航海の世界史』白水社、一九七七年
王敏・梅本重一編『中国シンボル・イメージ図典』東京堂出版、二〇〇三年

【著者】
杜こなて（もり　こなて）
［吉田耕一（よしだ　こういち）＋長与寿恵子（ながよ　すえこ）］
夫婦共作の作曲家。吉田耕一は1946年生まれ、慶應義塾大学経済学部卒業後、CBSソニーレコードのディレクターを経て音楽評論家。長与寿恵子は1950年生まれ、桐朋学園大学作曲科在学中から国際音楽祭に作品を出品する作曲家として活動を開始。80年からの１年程をともに西アフリカで過ごし、吉田の10年の病気療養後、共有の筆名を用いて作曲活動を始める。日本音楽著作権協会、作曲家協議会、ミュージック・ペンクラブ・ジャパン各会員。著書に『チャップリンと音楽狂時代』（春秋社）、作品に連作歌曲集『白い秋（上・下）』（音楽之友社）などがある。

平　凡　社　新　書　７　６　２

「君が代」日本文化史から読み解く

発行日——2015年１月15日　初版第１刷

著者——杜こなて

発行者——西田裕一

発行所——株式会社平凡社
東京都千代田区神田神保町3-29　〒101-0051
電話　東京（03）3230-6580［編集］
　　　東京（03）3230-6572［営業］
振替　00180-0-29639

印刷・製本—株式会社東京印書館

装幀——菊地信義

ISBN978-4-582-85762-7
NDC 分類番号210.12　新書判（17.2cm）　総ページ256
平凡社ホームページ　http://www.heibonsha.co.jp/